中国全图

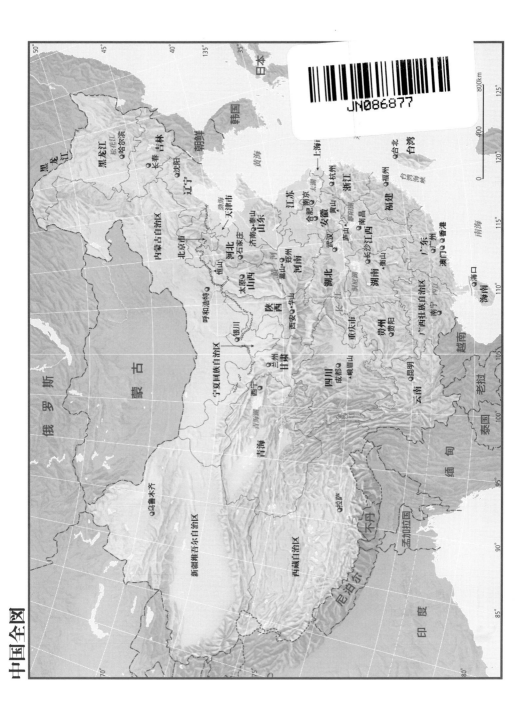

【2020 年度版】

時事中国語の教科書

～全民健康～

三潴正道

陳　祖蓓

古屋順子

朝日出版社

音声再生アプリ「リスニング・トレーナー」新登場（無料）

朝日出版社開発のアプリ、「リスニング・トレーナー（リストレ）」を使えば、教科書の音声をスマホ、タブレットに簡単にダウンロードできます。どうぞご活用ください。

まずは「リストレ」アプリをダウンロード

▶ App Store はこちら ▶ Google Play はこちら

アプリ【リスニング・トレーナー】の使い方

❶ アプリを開き、「コンテンツを追加」をタップ
❷ QRコードをカメラで読み込む

❸ QRコードが読み取れない場合は、画面上部に **45329** を入力し「Done」をタップします

パソコンからも以下のURLから音声をダウンロードできます

http://audiobook.jp/exchange/asahipress

▶ 音声ダウンロード用のコード番号【45329】

※ audiobook.jp への会員登録（無料）が必要です。すでにアカウントをお持ちの方はログインしてください。

QRコードは㈱デンソーウェーブの登録商標です

http://text.asahipress.com/free/ch/jiji2020

まえがき

　『時事中国語の教科書』は毎年出版され、過去1年間の出来事を様々な角度から紹介するもので、2020年でシリーズ24冊目になります。

　さて、2019年とはどういう年だったでしょうか。一口で言えば、アメリカのトランプ大統領が仕掛けた貿易戦争に対する対処に追われた1年だったと言ってよいでしょう（もちろん、このまえがきを書いているのは2019年8月末の時点であり、2019年はまだあと4カ月あります）。この時点までの動きを概述すると、8月1日にトランプ大統領が、中国から輸入するすべての物品約3000億ドル相当に対し10％の追加制裁関税を課す、と発表、中国で激震が走りました。直前の7月30〜31日にかけ、上海で、劉鶴副首相（対米経済交渉の責任者）とアメリカのライトハイザー通商代表、ムニューシン財務長官との間で「率直かつ建設的な話し合い」（人民日報8月1日付）が行われ、「風雨の後に虹を見た」という表現さえ使われていたのですから。わずか一晩での追加制裁関税措置の発表に中国側が驚くのも無理はありません。同6日、アメリカはさらに追い打ちをかけ、中国を為替操作国に認定しました。

　これに対し中国側も「一方的な保護主義は国際的なルールに反する」と猛反発して全面的に反論を展開、対抗措置を打ち出しました。中でも、アメリカの農産物の輸入の停止を決めたことは、アメリカの農家が中国という巨大市場をブラジルやロシアに奪われるきっかけにもなりかねません。8月13日、トランプは、中国からの一部の輸入製品に対する追加関税の実施を12月15日に延期する、と発表しましたが、その効果は不明です。

　こうした中、日本との関係改善は着実な歩みを見せています。もちろんその背景には、中国側に、米中関係が悪化する中、日本との経済関係を緊密にする必要があることと、日本を「一帯一路」に誘い、中華経済圏に取り込むことで、アメリカ一辺倒から引きはがそうという意図もあります。日本にとっても、安全保障を含め、アメリカとの緊密な協力関係は維持しつつも、中国との政治的和解と経済協力の推進によって米中間の調停役を務め、国際的地位の向上を図るメリットがあります。詳しくは第1課の「放大鏡」欄をご参照ください。

　こういった厳しい国際環境の中で、習近平政権はどんな取り組みをしているのでしょうか。2017年の党大会で確固たる権力基盤の構築に成功した習近平は、その後、共産党の内部統治を徹底的に進めてきました。その目的は時代の変化に即応した党の体質改善と一党独裁の強化です。中国共産党は現在約9000万人の党員を抱える巨大政党で、党員であることが社会におけるステイタスシンボルですが、一方では「貴族化」の危機にも晒されています。こうした傾向に習近平は非常に危機感を感じ、党の紀律とチェック機能を高め

るためには党内の「法治化」が急務である、と考え、2021年の結党100周年に照準を合わせた〈中央党内法規制定工作第二次五カ年計画（2018-2022年）〉を策定して、2018年には集中的に74もの法規を制定、関連法規に対する見直しも、2019年6月を目途に精力的に進めました。

　大学など高等教育機関に対しても厳しい管理方針が打ち出されました。基本原則として、高等教育機関に対する党の指導を堅持すること、マルクス主義に基づき社会主義的立場から学問研究を行うこと、教育のすべての側面に思想的価値基準を浸透させることが掲げられ、主要大学に対する中央紀律検査監察部の監察も行われました。企業に対しては、2017年に3076の中央企業などの組織の定款総則に、指導的・政治的側面での党組織の中心的役割が明記され、また、2018年には中外合資企業にもこの方針が積極的に適用されています。

　経済社会面での大変革も猛スピードで進んでいます。アリババやテンセントなどのインターネット事業者がプラットフォーマーとして急成長し、例えばアリババは、アリペイという支払い機能を活用してEC（電子商務）を展開、物流の整備やビッグデータによる信用情報を加味したビジネスインフラを消費者や企業に提供してそのマッチングを促進しています。これによって様々な新ビジネスが日ごとに続々と誕生しています。

　もう一つ注目すべきが先端科学技術の急速な進歩で、その一例として、中国の宇宙開発事業の発展ぶりがあります。中国版GPSとも言える北斗衛星が地域サービスを提供し始めたのが2012年でしたが、2017年に採用された〈全国衛星測位基準サービスシステム〉はGPS、北斗、GLONASS、ガリレオなどを網羅し、ミリ単位の精度で位置情報を提供できるようになりました。同年11月には北斗三号が打ち上げられ、その後、北斗三号ネットワークに参加する衛星は2018年中に43基に達しており、2020年にはこのサービスを世界に広げる、と標榜しています。今後も中国の宇宙事業の発展から目を離せません。

　最後に、本テキストの発音表記の変更について一言お断りしておきます。一般に、2つの音節が連続し、後ろの音節が母音のみで紛らわしい場合に隔音符号を付しますが、後ろの音節が母音のみでない場合でも、隔音符号がない場合に学生がまごつく場面にしばしば遭遇します。そこで、今回、思い切って、後ろの音節が子音＋母音で構成されている場合でも、紛らわしい場合は隔音符号を付しました。通用規則には反しますが、学生ファーストの考えをご理解いただければ幸いです。

令和元年秋　　　　著者

目　次

各課の語注にある「⇒」は詳しい説明のある箇所、「cf.」はその項目の説明ではないものの、
併せてご参照いただきたい箇所を表します。

程永华大使离任前的最后演讲（节选）
——日本一桥大学2019年新年开学致辞

Chéng-Yǒnghuá dàshǐ lírèn qián de zuìhòu yǎnjiǎng (jiéxuǎn)
　　——Rìběn Yīqiáodàxué èrlíngyījiǔ nián xīnnián kāixué zhìcí

日中関係が困難な時期に長く大使を務めた（左）
新天皇即位後、海外要人として初めて面会（下）

（宮内庁）

　　日中関係が危機的状況に陥った時期に駐日大使となった程永華氏だけに、両国の本格的関係改善に目途をつけての交代は感無量でしょう。
　　米中関係が悪化し、東アジア情勢が激動する中、日中関係の安定が今ほど求められているときはありません。

1

很 高兴 来到 日本 社会科学领域 一流学府
Hěn gāoxìng láidào Rìběn shèhuìkēxuélǐngyù yīliúxuéfǔ

一桥大学。特别 需要 指出 的 是，从 这里 毕业 的
Yīqiáodàxué. Tèbié xūyào zhǐchū de shì, cóng zhèli bìyè de

大平正芳前首相， 为 中日关系 的 重建 和
Dàpíng-Zhèngfāng qiánshǒuxiàng, wèi Zhōng-Rìguānxi de chóngjiàn hé

发展，作出了 重要 贡献，他 是 中国民众 熟知
fāzhǎn, zuòchūle zhòngyào gòngxiàn, tā shì Zhōngguómínzhòng shúzhī

的 中日关系 掘井人。
de Zhōng-Rìguānxi juéjǐngrén.

1973 年，我 作为 中国 第一 批 派往 日本
Yījiǔqīsān nián, wǒ zuòwéi Zhōngguó dìyī pī pàiwǎng Rìběn

的 留学生 来到 日本。这 段 学习经历，为 我
de liúxuéshēng láidào Rìběn. Zhè duàn xuéxíjīnglì, wèi wǒ

了解 日本、感知 日本 打开了 第一 扇 窗户， 也
liǎojiě Rìběn、gǎnzhī Rìběn dǎkāile dìyī shàn chuānghu, yě

为 我 日后 的 外交事业 打下了 牢固 基础。
wèi wǒ rìhòu de wàijiāoshìyè dǎxiàle láogù jīchǔ.

70 年代 的 日本青年 充满了 求知 和 探索
Qīshí niándài de Rìběnqīngnián chōngmǎnle qiúzhī hé tànsuǒ

的 意愿。很多 人 来 问 我 中国 的 情况，大
de yìyuàn. Hěnduō rén lái wèn wǒ Zhōngguó de qíngkuàng, dà

到 社会制度、历史文化，小 到 普通人 的 生活。
dào shèhuìzhìdù、lìshǐwénhuà, xiǎo dào pǔtōngrén de shēnghuó.

40 年 后 的 今天，我 听说，很多 日本年轻人 不
Sìshí nián hòu de jīntiān, wǒ tīngshuō, hěnduō Rìběnniánqīngrén bú

愿 走出 国门，了解 外面 的 世界。
yuàn zǒuchū guómén, liǎojiě wàimiàn de shìjiè.

中日两国 交往历史 悠久，文化 相近相通。
Zhōng-Rìliǎngguó jiāowǎnglìshǐ yōujiǔ, wénhuà xiāngjìnxiāngtōng.

然而 实际 上， 两国 国情 有 不小 的 差异。如果
Rán'ér shíjì shang, liǎngguó guóqíng yǒu bùxiǎo de chāyì. Rúguǒ

解読の手がかり

<u>来到～</u>：「～にやって来る」「～を訪れる」。"来到"は動詞＋結果補語の形です。"到"は動作が目的物に到達し、目的が達成されたことを表します。

例："看到"「目にする」、"买到"「買って手に入れる」

例文1：通过努力，我终于拿到了驾照。
　　　　Tōngguò nǔlì, wǒ zhōngyú nádàole jiàzhào.

例文2：很多外国游客在中国看到了东方的精彩。
　　　　Hěnduō wàiguóyóukè zài Zhōngguó kàndàole Dōngfāng de jīngcǎi.

<u>作出了重要贡献</u>：「重要な貢献をした」。"出"は本来、中から外へという方向を表す方向補語で、動詞の後に置かれ、これまでなかったものが現れる、あるいは実現することを表します。このように方向補語には多くの抽象的な派生用法があります。

例文1：用全自动单反拍出来的照片很好看。
　　　　Yòng quánzìdòngdānfǎn pāichūlai de zhàopiàn hěn hǎokàn.

例文2：这个菜看上去不怎么样，但吃起来口感很好。
　　　　Zhè ge cài kànshàngqu bù zěnmeyàng, dàn chīqǐlai kǒugǎn hěn hǎo.

語　注

程永华	（タイトル注）（人名）「程永華（てい・えいか）」。1954 年～。前駐日大使（2010 年～2019 年）。在任期間 9 年は歴代最長。
大平正芳	（人名）「大平正芳（おおひら・まさよし）」。1910 年～1980 年。元内閣総理大臣（1978 年～1980 年）。
掘井人	「井戸を掘った人」。「吃水不忘掘井人」「水を飲むときには井戸を掘った人のことを忘れない」という慣用句から。先人への感謝を表します。
批	まとまった数の人やものを数える量詞。
派往～	「～に派遣する」
段	一定の時間の区切りを数える量詞。
扇	ドアや窓を数える量詞。「枚」
打下基础	「基礎を築く」。"打下"も動詞＋方向補語です。
大到～小到…	「大は～から小は…まで」
走出国门	「国の外に出る」
相近相通	「互いに似通っている」
如果～就…	「もし～なら…だ」⇒ p.17 解読の手がかり

最初 **就** 意识到 对方 是 与 自己 不同 国家、不同
zuìchū jiù yìshídào duìfāng shì yǔ zìjǐ bùtóng guójiā、bùtóng

思维方式 的 外国人，在 交流 时，**则** 很 容易 发现
sīwéifāngshì de wàiguórén, zài jiāoliú shí, zé hěn róngyì fāxiàn

两国 在 文化 上 的 共同点，**进而** 增进 相互
liǎngguó zài wénhuà shang de gòngtóngdiǎn, jìn'ér zēngjìn xiānghù

理解 与 信赖。
lǐjiě yǔ xìnlài.

这 五 年 来，我 发现了 两 个 现象，一 是
Zhè wǔ nián lái, wǒ fāxiànle liǎng ge xiànxiàng, yī shì

日本年轻人 中 没有 去过 中国 的 比例 很 高；
Rìběnniánqīngrén zhōng méiyǒu qùguo Zhōngguó de bǐlì hěn gāo;

二 是 去了 中国 后 的 日本年轻人，对 两国关系
èr shì qùle Zhōngguó hòu de Rìběnniánqīngrén, duì liǎngguóguānxi

的 认识，会 发生 很 大 变化。
de rènshi, huì fāshēng hěn dà biànhuà.

两国 都 有 **百闻不如一见** 的 说法，不 前往
Liǎngguó dōu yǒu bǎiwénbùrúyíjiàn de shuōfǎ, bù qiánwǎng

一 个 国家，真正 与 **该国** 民众 进行 **面对面**
yí ge guójiā, zhēnzhèng yǔ gāiguó mínzhòng jìnxíng miànduìmiàn

的 交流，就 很 难 客观、真实 了解 对方国家 的
de jiāoliú, jiù hěn nán kèguān、zhēnshí liǎojiě duìfāngguójiā de

全貌。
quánmào.

我 **衷心** 希望 大家 在 一桥大学 严谨 的
Wǒ zhōngxīn xīwàng dàjiā zài Yīqiáodàxué yánjǐn de

办学理念 培养 下，**成长为** **具有** 国际视野、能够
bànxuélǐniàn péiyǎng xià, chéngzhǎngwéi jùyǒu guójìshìyě、nénggòu

与时俱进 的 人才。
yǔshíjùjìn de réncái.

解読の手がかり

与自己不同国家：「自国とは異なる国」。"与"は会話体の"和""跟"に相当し、介詞（前置詞）の用法と連詞（接続詞）の用法があります。ここでは前者。"与～相 V"「～と V する」の形も論説体でよく使われます。

例文 1：青岛的纺织谷是一座与众不同的大楼。
　　　　Qīngdǎo de Fǎngzhīgǔ shì yí zuò yǔzhòngbùtóng de dàlóu.

例文 2：绿化应该与城市发展相协调。
　　　　Lǜhuà yīnggāi yǔ chéngshìfāzhǎn xiāng xiétiáo.

会发生很大变化：「大きな変化が起こるだろう」。"会～"は会話体では「（訓練の結果）～できる」という可能の用法でよく使われますが、論説体では「～するはずだ」「～し得る」という可能性の用法がずっと多数です。

例文 1：新的利率会增加房贷偿还风险。
　　　　Xīn de lìlǜ huì zēngjiā fángdàichánghuán fēngxiǎn.

例文 2：经贸摩擦只会给美国带来更多痛苦。
　　　　Jīngmàomócā zhǐ huì gěi Měiguó dàilái gèng duō tòngkǔ.

語　注

～则…	「～すれば…」⇒ p.33 解読の手がかり
进而	「さらには」
百闻不如一见	「百聞は一見に如かず」
该国	「その国」
面对面	「顔を合わせた」「直接向き合った」
衷心	「心から」
成长为～	「～に成長する」
具有～	「～を備えている」
与时俱进	（四字成語）「時代とともに歩む」

━━●放大鏡●━━

この文を執筆しているのは、2019年8月です。つい先日、王岐山国家副主席来日の予定が報じられ、2020年の習近平国家主席訪日へ向けた準備が着々と進められている感がありますが、予定通り実現するか、しっかり見守りたいと思います。

2017年以来、中国が日中関係改善に必死に取り組んだ理由は、第一に強固な日米同盟の形成を何とか阻止したいこと、第二に日本との経済面での連携を深め、経済を下支えすること、第三に日本を"一帯一路"に誘い、アメリカ中心の経済圏形成に対抗すること、第四に環境問題で日本の優れた技術を導入し、成果を高めること、第五に北朝鮮問題における韓国の行動に対し日中が協力できる余地を拡大すること、が挙げられます。両国にとって幸いだったのは、2017年が日中国交正常化45周年、2018年が日中平和条約締結40周年という節目の年であったことで、友好行事を促進しても、ともに国内から「土下座外交」的なレッテルを貼られずに済みます。まさに千載一遇のチャンスだったと言えましょう。

2017年7月、ハンブルグG20で安倍・習近平会談が実現、2018年5月には李克強首相が日本を訪問し、天皇陛下にも拝謁、程永華駐日大使は6月5日付人民日報に「中日両国がともに手を携えて一帯一路を発展させつつ広く市場を開拓していくことが世界に対する大きな貢献となるであろう」と寄稿しました。同年9月には、ウラジオストックの第4回東方経済フォーラムで習近平国家主席と安倍首相がにこやかに握手を交わし、ほぼ同日、李克強首相は北京で日本の経済界代表団を接見、翌10月、ついに安倍首相の中国公式訪問が実現し、日中新時代を切り開く意欲を示したのでした。

🧑 陳さんのつぶやき

程前大使の挨拶は率直かつ温かいもので、教科書の紙幅の問題でほんの一部しか抜粋できませんが、全文は中国大使館のネットサイトに掲載されています。ぜひご一読を▼思えば、この教科書はこつこつと20年以上続いているうちに、こちらも30代から50代へと年が重なってきました。老いという言葉はこのごろよく頭によぎるようになりました▼古代、人間の大半は年取る前に死んだので、「老」の文字はよく敬意をこめて使われていました。「老師」がその代表です▼長生きになるにつれ、「老」にけなす意味が増えました。日本語の場合、漢語熟語にマイナス意味のものがとりわけ目立ちます。老朽化、老眼鏡、老害、老獪、老醜……。漢字だから、中国語と思われがちですが、いえいえ、それらは全部、日本語です！▼自然の摂理に抵抗はしませんが、こういう言葉を目の前に並べ、自戒する日々を始めます。

两个 "国菜" 的今天

Liǎng ge "guócài" de jīntiān

中国料理代表のはずなのに……

　一口に中華料理と言っても、東西南北、実に種類が豊富で、肉類だけでもヒツジ、ウシ、ブタ、ニワトリの他にウサギ、シカ、ラクダなど、とても列挙しきれません。
　海や川の幸による料理にもこと欠きませんが、料理法や調味料も豊富多彩。そこから様々な名物料理が生まれています。

〈1〉 全聚德 的 北京烤鸭 卖不动 了
〈yī〉 Quánjùdé de Běijīngkǎoyā màibudòng le

说起 北京烤鸭, 中国人 都 会 联想起
Shuōqǐ Běijīngkǎoyā, Zhōngguórén dōu huì liánxiǎngqǐ

全聚德。 这 家 老店 建于 1864 年, 已 有
Quánjùdé. Zhè jiā lǎodiàn jiànyú yībāliùsì nián, yǐ yǒu

155 年 的 历史。 新中国 成立 后, 全聚德
yìbǎiwǔshiwǔ nián de lìshǐ. Xīn-Zhōngguó chénglì hòu, Quánjùdé

的 北京烤鸭 被 端到 国宴 的 餐桌 上, 成为
de Běijīngkǎoyā bèi duāndào guóyàn de cānzhuō shang, chéngwéi

中国菜 的 代表。 直到 上世纪 90 年代, 到 北京
Zhōngguócài de dàibiǎo. Zhídào shàngshìjì jiǔshí niándài, dào Běijīng

的 外地人 或 外国游客, 如果 没有 吃 全聚德 的
de wàidìrén huò wàiguóyóukè, rúguǒ méiyǒu chī Quánjùdé de

烤鸭, 那么 他 的 旅程 一定 是 不 完美 的。
kǎoyā, nàme tā de lǚchéng yídìng shì bù wánměi de.

全聚德 在 2007 年 上市 后, 不仅 在
Quánjùdé zài èrlínglíngqī nián shàngshì hòu, bùjǐn zài

全国各大城市, 还 在 日本、 澳大利亚 也 开了
quánguógèdàchéngshì, hái zài Rìběn、 Àodàlìyà yě kāile

分店。 但是, 近 几 年, 业绩 却 一直 在 走
fēndiàn. Dànshì, jìn jǐ nián, yèjì què yìzhí zài zǒu

下坡路, 2018 年 创 史上 最 低。
xiàpōlù, èrlíngyībā nián chuàng shǐshàng zuì dī.

原因 首先 是, 味道 大大 不 及 从前。 第二,
Yuányīn shǒuxiān shì, wèidào dàdà bù jí cóngqián. Dì'èr,

价格 越来越 贵。 传统美食 变成了 "昂贵 的
jiàgé yuèláiyuè guì. Chuántǒngměishí biànchéngle "ángguì de

消费品", 让 老百姓 消费不起。 第三, 今天 的
xiāofèipǐn", ràng lǎobǎixìng xiāofèibuqǐ. Dìsān, jīntiān de

年轻人 更 看重 具有 创新性 的 菜品, 注重
niánqīngrén gèng kànzhòng jùyǒu chuàngxīnxìng de càipǐn, zhùzhòng

体验。
tǐyàn.

解読の手がかり

<u>卖不动／消费不起</u>：「売れない」／「消費できない」。動詞と方向補語や結果補
　語の間に"得"を挟んで可能を、"不"を挟んで不可能を表す可能補語の形
　です。"V 不动"は動かせない、"V 不起"は値段が高すぎてできないとい
　うことを表します。
　例文1：学习，永远来得及。
　　　　　Xuéxí, yǒngyuǎn láidejí.
　例文2：美国有本小说，名叫《了不起的盖茨比》。
　　　　　Měiguó yǒu běn xiǎoshuō, míng jiào «Liǎobuqǐ de Gàicíbǐ».
<u>不仅在～，还在…也开了分店</u>：「～にだけでなく…にも支店を出す」。"不仅～
　也…""不仅～还…"の形もあります。
　例文1：海南岛不仅风景优美，气候也很好。
　　　　　Hǎinándǎo bùjǐn fēngjǐng yōuměi, qìhòu yě hěn hǎo.
　例文2：这款手机不仅功能齐全，还特别便宜。
　　　　　Zhè kuǎn shǒujī bùjǐn gōngnéng qíquán, hái tèbié piányi.

語　注

全聚德	（レストラン名）「全聚德」
说起～	「～のことを言うと」「～の話になると」⇒ p.3 解読の手がかり
家	店や企業を数える量詞。
建于 1864 年	「1864 年に建てられる」⇒ p.45 解読の手がかり
已	「すでに」。会話体の"已经"に相当します。
被端到～	「～へと運ばれる」。"端"は「両手で（水平になるように）持つ」⇒ "被"は p.57 解読の手がかり
上世纪 90 年代	「1990 年代」
完美	「パーフェクト」
上市	「上場する」
澳大利亚	（地名）「オーストラリア」
却	「それなのに」
在～	「～している」⇒ p.51 解読の手がかり
走下坡路	「右肩下がりになる」。"下坡路"は「下り坂」。
大大	「大いに」「はるかに」。形容詞の重ね型。
越来越～	「ますます～になる」⇒ p.29 解読の手がかり
昂贵	「高価な」
让～	「～させる」⇒ p.35 解読の手がかり
看重～	「～を重視する」

〈2〉 全国人民 喜爱 的 "红炒黄"
〈èr〉 Quánguórénmín xǐ'ài de "hóngchǎohuáng"

红黄二色， 是 中国国旗 的 基本色彩。 每届
Hónghuáng'èrsè, shì Zhōngguóguóqí de jīběnsècǎi. Měijiè

奥运会， 中国选手 入场， 只要 穿 用 国旗 配色
Àoyùnhuì, Zhōngguóxuǎnshǒu rùchǎng, zhǐyào chuān yòng guóqí pèisè

的 运动服， 总要 被 笑称为 "西红柿炒鸡蛋"。
de yùndòngfú, zǒng yào bèi xiàochēngwéi "xīhóngshìchǎojīdàn".

名菜馆 的 菜单 上 也许 没有 这 个 菜，
Míngcàiguǎn de càidān shang yěxǔ méiyǒu zhè ge cài,

但是， 在 偌大 的 中国， 要 说 一 个 人人 知道
dànshì, zài ruòdà de Zhōngguó, yào shuō yí ge rénrén zhīdao

并 喜欢 的 菜， 西红柿炒鸡蛋 恐怕 是 唯一 的。
bìng xǐhuan de cài, xīhóngshìchǎojīdàn kǒngpà shì wéiyī de.

西红柿、 鸡蛋， 不仅 在 中国， 就是 在
Xīhóngshì、 jīdàn, bùjǐn zài Zhōngguó, jiùshì zài

世界各地， 也 是 常见 的 食材， 但是 这 两者
shìjiègèdì, yě shì chángjiàn de shícái, dànshì zhè liǎngzhě

加在 一起， 却 成了 中国人 的 家常菜。 一 个
jiāzài yìqǐ, què chéngle Zhōngguórén de jiāchángcài. Yí ge

中国人， 如果 不会 做 这 个 菜， 会 被 说 是
Zhōngguórén, rúguǒ bú huì zuò zhè ge cài, huì bèi shuō shì

"不 会 做菜" 的 人。
"bú huì zuòcài" de rén.

虽然， 中国人 常常 为 先 炒 西红柿 还是
Suīrán, Zhōngguórén chángcháng wèi xiān chǎo xīhóngshì háishi

先 炒 鸡蛋 争得 不可开交， 但是 作为 代表
xiān chǎo jīdàn zhēngde bùkěkāijiāo, dànshì zuòwéi dàibiǎo

中国家庭 的 "妈妈菜"， 这 是 一 个 不争 的
Zhōngguójiātíng de "māmacài", zhè shì yí ge bùzhēng de

事实。
shìshí.

解読の手がかり

只要穿～，总要被笑称为…：「～を着るといつも…だと笑われる」。"只要" と "总" が呼応して使われています。

　例文 1：只要坚持，总会有成果的。
　　　　　Zhǐyào jiānchí, zǒng huì yǒu chéngguǒ de.

　例文 2：一个人只要真诚，总是会得到理解的。
　　　　　Yí ge rén zhǐyào zhēnchéng, zǒngshì huì dédào lǐjiě de.

争得不可开交：「激しく争う」「互いに一歩も譲らない」。動詞＋状態補語の形です。[動詞＋"得"] の後に、その動詞がどのように行われるか、あるいは動作の結果どうなったかを説明する表現が置かれます。

　例文 1：在幽灵公园，很多人吓得哇哇大叫。
　　　　　Zài yōulínggōngyuán, hěnduō rén xiàde wāwā dàjiào.

　例文 2：知道获得了金牌，选手高兴得跳了起来。
　　　　　Zhīdao huòdéle jīnpái, xuǎnshǒu gāoxìngde tiàole qǐlai.

語　注

届	定期的に開かれる会議や大会などの回数を数える量詞。「回」「期」
奥运会	「オリンピック」。"奥林匹克运动会" の略。
被笑称为～	「～だと笑われる」
西红柿炒鸡蛋	「トマトと卵の炒め物」
偌大	「あれほど大きな」
人人	「誰でも」。名詞を重ね型にするのは例外がないことを表します。
家常菜	「家庭料理」
不会～	「～できない」。"会" は訓練や練習の結果できることについて言います。cf. p.5 解読の手がかり
虽然～但是…	「～だが…だ」⇒ p.41 解読の手がかり

人民日報の人気料理コーナー〈多味斎〉。そこで目にしたことがある〈豆腐好〉（王慧娟）という文章によると、中国豆腐の起源は紀元前164年だそうで、今では臭豆腐・豆腐乾・豆腐皮・腐竹など様々な種類があり、豆腐に寄せる中国人の思いは並大抵ではありません。

最近では調味料についての関心も深まっています。特に脚光を浴びているのが山西酢。私も、三千年の歴史を持つという山西酢の名産地、国の非物質文化遺産保護モデル基地となっている"东湖老陈醋"を取材し、その詳しい製造過程と生産に携わる人たちの姿をつぶさに見てきました。南方では江蘇省鎮江の"镇江香醋"も有名で、数年前、人民日報は〈味蕾的記忆〉というタイトルで、1ページを使い、"醋"の特集を組みましたが、なかなか読みごたえがありました。同欄では"豆瓣酱"や"糖葫芦"など、中国人にとって身近で欠かせない食に関する紹介がたびたび目を惹きます。

〈家乡美味〉という欄もあります。実に様々な地方の特色ある家庭料理を紹介しています。地方料理の紹介ですから、"太湖莼菜"、"呼和浩特玉泉烧卖"、"拉萨藏面"といった具合に、毎回のテーマ料理にはすべて地方の名前が冠されています。

伝統文化豊かな中国ではそれぞれの伝統的催事に関わる料理も盛りだくさん。例えば春節の"腊肉"。浙江省・四川省・広東省各地の"腊肉"、湖北省の"腊鱼"などがよく紹介されます。この他、年末に食べる"腊八粥"、中秋節に食べる"中秋月饼"などもその常連。80年代頃の"月饼"は油分が多く、うっかり紙包みのままトランクに入れると、染み出た油で大変でしたが、今は全く洗練され、ナッツ入りの"月饼"は日本人にも好評を博しています。食の王国、中国！　グルメにはこの世のパラダイスかも。

👤 陳さんのつぶやき

料理を作るのが大好きなので、やらなくていいと言われるのが一番身に堪えます。それでも、トマトと卵の炒めに自信はありません。健康志向の時代は、油が少なくてもおいしくするには、どうしたらいいかということを考えるようになり、いっそう難しくなりました。よく言われますが、シンプルな料理ほど奥が深い。全くその通りです
▼ところで、スイカの皮も食べられるって知っていますか。スイカの皮と言っても、赤い実と緑の間にあるあの白い部分をさします。昔、上海で食べていたスイカの皮がもう少し厚みのあるものでした。その白い部分を使った料理は我が家ではいつも人気。炒めても良し、和えても良し、漬物にしても良し。シャキシャキとさわやかな歯ごたえで箸が進みますよ。スイカの皮を使った料理は一般的かどうか知りませんが、上海のわが家では夏に欠かせない一品です。ぜひお試しあれ。

"智能"进校园

"Zhìnéng" jìn xiàoyuán

スマート制服は見守りか、監視か

　子どもの教育にひときわ熱心な中国。その熱心さがどういう方向に向かうのか、子どもたちは戦々恐々。
　街中には監視カメラが充満し、全ての行動を監視する服を着せられ、授業中は先生の質問に手を挙げたか、家で親がチェック。こういった傾向に警鐘を鳴らす人も。

〈1〉 智能校服
〈yī〉 Zhìnéngxiàofú

贵州 和 广西 的 十多 所 中小学 的 学生，
Guìzhōu hé Guǎngxī de shíduō suǒ zhōngxiǎoxué de xuésheng,

从 2018 年 新学期 开始，必须 穿 "智能校服"
cóng èrlíngyībā nián xīnxuéqī kāishǐ, bìxū chuān "zhìnéngxiàofú"

上学。这 种 智能校服 里 有 个 芯片，上面 有
shàngxué. Zhè zhǒng zhìnéngxiàofú li yǒu ge xīnpiàn, shàngmiàn yǒu

学生 的 所有 信息，还 有 人脸识别系统。孩子
xuésheng de suǒyǒu xìnxī, hái yǒu rénliǎnshíbiéxìtǒng. Háizi

穿上 这 种 校服 后，迟到、早退、旷课、逃学、
chuānshàng zhè zhǒng xiàofú hòu, chídào、zǎotuì、kuàngkè、táoxué、

上课 打 瞌睡 等 行为 都 会 被 记录下来。对
shàngkè dǎ kēshuì děng xíngwéi dōu huì bèi jìlùxiàlai. Duì

老师 和 家长 来说，可以 实现 全方位监控，
lǎoshī hé jiāzhǎng láishuō, kěyǐ shíxiàn quánfāngwèijiānkòng,

"360 度 无死角"。
"sānbǎiliùshí dù wúsǐjiǎo".

那么，学生 的 感受 又 是 怎样 的 呢？一
Nàme, xuésheng de gǎnshòu yòu shì zěnyàng de ne? Yì

名 学生 说："以前 在 上 我 不 喜欢 的 课 的
míng xuésheng shuō: "Yǐqián zài shàng wǒ bù xǐhuan de kè de

时候，我 会 偷懒，可能 会 在 书桌 上 打 个
shíhou, wǒ huì tōulǎn, kěnéng huì zài shūzhuō shang dǎ ge

盹，或者 翻看 其他 的 课本。自从 穿上了 这
dǔnr, huòzhě fānkàn qítā de kèběn. Zìcóng chuānshàngle zhè

种 校服，就 觉得 有 无形 的 眼睛 盯着 我，
zhǒng xiàofú, jiù juéde yǒu wúxíng de yǎnjing dīngzhe wǒ,

上课 都 不敢 开 小差 了。"
shàngkè dōu bùgǎn kāi xiǎochāi le."

"如果 你 是 一 个 孩子，你 愿意 一 天 24
"Rúguǒ nǐ shì yí ge háizi, nǐ yuànyì yì tiān èrshísì

小时 被 监控 吗？"一 位 网友 问。
xiǎoshí bèi jiānkòng ma?" Yí wèi wǎngyǒu wèn.

解読の手がかり

<u>从 2018 年新学期开始</u>：「2018 年の新学期から」。"从～" だけでも「～から」の意味ですが、"从～开始" または "从～起" の組み合わせで「～から」を表すこともあります。なお、"开始" が動詞で目的語を伴い、"从～开始…"「～から…を始める」という用法もあるので注意が必要です。

例文 1：医生问我，从哪天起开始不舒服的。
　　　　Yīshēng wèn wǒ, cóng nǎ tiān qǐ kāishǐ bù shūfu de.

例文 2：中国的学校从 9 月 1 日开始新学年。
　　　　Zhōngguó de xuéxiào cóng jiǔ yuè yī rì kāishǐ xīnxuénián.

<u>迟到、早退、旷课、……</u>：「遅刻・早退・サボり……」。"、" は並列を表します。文中のポーズを表すのは "，" です。細かいことですが、文の構造を摑むための大事なヒントになりますから、使い分けに注意しましょう。

例文 1：五大作物通常是指水稻、小麦、玉米、大豆和薯类。
　　　　Wǔdàzuòwù tōngcháng shì zhǐ shuǐdào、xiǎomài、yùmǐ、dàdòu hé shǔlèi.

例文 2：干旱、洪涝、台风、地震，都会给人类生活带来危害。
　　　　Gānhàn、hónglào、táifēng、dìzhèn, dōu huì gěi rénlèishēnghuó dàilái wēihài.

語　注

智能	（タイトル注）「知能」。ここでは「人工知能」の意味。
贵州	（地名）「貴州省」
广西	（地名）「広西チワン族自治区」
芯片	「チップ」
所有	「すべての」
人脸识别	「顔認証」
穿上～	「～を身に着ける」⇒ p.3 解読の手がかり
旷课、逃学、打瞌睡	「授業をサボる、学校をサボる、居眠りをする」
对～来说	「～にとって」
家长	「保護者」
全方位监控	「全方位監視制御」
偷懒	「怠ける」
打盹	「居眠りをする」「うたた寝をする」
翻看	「めくって見る」
自从～	「～してから」
盯着	「見つめている」⇒ "着" は p.47 解読の手がかり
开小差	「気が散る」「ぼんやりする」
网友	「ネットユーザー」

〈2〉 电子作业
〈èr〉 Diànzǐzuòyè

"妈妈, 给 我 手机, 我 要 做 作业。" 最近,
"Māma, gěi wǒ shǒujī, wǒ yào zuò zuòyè." Zuìjìn,

市民 韦女士 比较 闹心, 小三 的 孩子 几乎 每天
shìmín Wéi nǚshì bǐjiào nàoxīn, xiǎosān de háizi jīhū měitiān

都 要 拿 她 的 手机 做 作业。 韦女士 认为, 虽然
dōu yào ná tā de shǒujī zuò zuòyè. Wéi nǚshì rènwéi, suīrán

电子作业 比较 方便, 但 如果 家长 监督 不 到位,
diànzǐzuòyè bǐjiào fāngbiàn, dàn rúguǒ jiāzhǎng jiāndū bú dàowèi,

孩子 就 会 拿 手机 玩 游戏。
háizi jiù huì ná shǒujī wánr yóuxì.

据 了解, 近年来, 不少 老师 通过 网络 布置
Jù liǎojiě, jìnniánlái, bùshǎo lǎoshī tōngguò wǎngluò bùzhì

家庭作业, 他们 认为, 部分 作业 用 网络 来 布置,
jiātíngzuòyè, tāmen rènwéi, bùfen zuòyè yòng wǎngluò lái bùzhì,

会 更 方便、 更 节约 时间, 比如 英语 口语、 语文
huì gèng fāngbiàn, gèng jiéyuē shíjiān, bǐrú Yīngyǔ kǒuyǔ、 yǔwén

背书、 数学 的 口算 等。
bèishū、 shùxué de kǒusuàn děng.

有些 家长 也 认为, 电子作业 虽然 有 一定
Yǒuxiē jiāzhǎng yě rènwéi, diànzǐzuòyè suīrán yǒu yídìng

弊端, 但 也 有 不少 好处。 陆先生 说, 孩子 上
bìduān, dàn yě yǒu bùshǎo hǎochù. Lù xiānsheng shuō, háizi shàng

六 年级 后, 就 开始 通过 手机 客户端 学习 英语,
liù niánjí hòu, jiù kāishǐ tōngguò shǒujī kèhùduān xuéxí Yīngyǔ,

"英语 的 跟读 和 反馈 的 功能 很 好, 孩子 也
"Yīngyǔ de gēndú hé fǎnkuì de gōngnéng hěn hǎo, háizi yě

比较 感 兴趣, 辅导效果 是 家长 达不到 的。"
bǐjiào gǎn xìngqù, fǔdǎoxiàoguǒ shì jiāzhǎng dábùdào de."

解読の手がかり

要做作业：「宿題をしなければならない」。助動詞"要～"には必要・当然の
ほかにも様々な用法があるので、その都度チェックしましょう。

例文1：要减肥，晚餐就要少吃碳水化合物。
　　　　Yào jiǎnféi, wǎncān jiù yào shǎo chī tànshuǐhuàhéwù.

例文2：有人说，吃刺身要配芥末，看电影得有爆米花。
　　　　Yǒu rén shuō, chī cìshēn yào pèi jièmo, kàn diànyǐng děi yǒu bàomǐhuā.

如果~就…：「もし～なら…だ」。

例文1：如果你现在不做，就没有未来了。
　　　　Rúguǒ nǐ xiànzài bú zuò, jiù méiyǒu wèilái le.

例文2：如果没意外的话，我明天就能回家。
　　　　Rúguǒ méi yìwài dehuà, wǒ míngtiān jiù néng huí jiā.

語　注

韦女士	（人名）「韋（い）さん」
闹心	「いらいらする」
几乎	「ほとんど」
拿～	「～を持って」「～を使って」
不到位	「果たすべき役割を果たしていない」
玩游戏	「ゲームをする」
布置作业	「宿題を出す」
口语	「話し言葉」「会話」
背书	「暗唱する」
口算	「（声に出して）暗算する」
弊端	「弊害」
陆先生	（人名）「陸（りく）さん」
客户端	「（サーバーに対して）クライアント」「端末」
跟读	「（教師やお手本の音声の）後について読む」
反馈	「フィードバック」
感兴趣	「興味を持つ」

　子どもの教育については、中国では昔から"望子成龙"という言葉があるくらいで、ただでさえ教育熱心なのですが、一人っ子の多い現代中国ではそれに拍車がかかり、教育パパ・ママの熱心さは日本以上。

　課文はスマートフォンが普及した中国での宿題に関する話がテーマになっていますが、子どもの勉強をいかに監視するかは保護者にとって大事なテーマの1つで、教室に監視カメラを置き、保護者にその画面を提供して、先生の問いに子どもが手を挙げたかどうかをチェックさせる話もあるくらい。

　最近の父母の関心事の1つがクラス分け。以前では考えられなかったことですが、日本では、クラスにいじめっ子がいて、自分の子どもが対象になっていると、保護者がクラス分けのときに別クラスにしてくれるよう頼むのはもう当たり前とか。確かにいじめが原因で自殺する子どもまで出ているのですから、一概に過保護と咎めるわけにもいきません。また、教師の質に対する要求も厳しく、担任の変更を求める声も少なくありません。

　中国でも、教員の質がばらばらな学校がまだ多い現状で、どうしたら我が子に高レベルな教育を保証できるのか、保護者はあらゆるツテを頼って学校に働きかけます。これに対し、校長がきっぱりと関与を断る学校もあれば、機械抽選をしたり、保護者が監視したりするなどの方式でクラス分けに透明性を持たせる学校もあります。多くの場合、クラス分けの不安が生じるのは、上からの指示やコネによる「裏口入学」などの問題が存在するからで、制度が合理的で透明性があれば、ほとんどの憂慮が解消されます。

　ただ、教育は学校だけでなく、保護者の責任でもあり、家庭教育がいかにして本来の役割を果たすのかについても保護者は深く考える必要があると言えましょう。

陳さんのつぶやき

つい、数年前、この教科書でジャージデザインの学校制服がダサいと書いたと思いきや、今度は何段飛びでいきなりスマート制服になるなんて、中国では科学技術の応用が本当に進んでいます▼あるとき、友人とおしゃべりしている最中、iPhone が勝手に「話してください」という音声メッセージを出しました。どうやら、私たちの話の何かが「ヘイ、シリー」という機能を起こしてしまったようです。「OK、グーグル」や「アレクサ」もそういう勝手な反応をときどき見せるそうです▼人類はこの百年、科学技術の進歩によって、より多くの自由な人生の時間を獲得できたのも事実です。自転車、車、電話、冷蔵庫、洗濯機、レンジなど便利な道具で助かっているのは私だけではないはずです。しかし、AIはそれらと明らかに違います。AIが我々と同じことをしようとするから、こわ〜いです。

996：奋斗与生活，真的只能二选一吗？

Jiǔjiǔliù: Fèndòu yǔ shēnghuó, zhēnde zhǐ néng èrxuǎnyī ma?

命を削って働きますか？

　つい最近まで時間に大らかだった中国人でしたが、今では随分様変わり。勤務時間も厳しくチェックされるようになってきました。

　そんな中、サービス残業など、労働者たちの労働環境や待遇に関する様々な問題も噴出しています。

996 多 指 互联网公司 的 工作制, 即 早上
Jiǔjiǔliù duō zhǐ hùliánwǎnggōngsī de gōngzuòzhì, jí zǎoshang

9 点 上班、 晚上 9 点 下班, 一 周 工作 6
jiǔ diǎn shàngbān、 wǎnshang jiǔ diǎn xiàbān, yì zhōu gōngzuò liù

天。 2019 年 3 月 26 日, 网上 出现了 一
tiān. Èrlíngyījiǔ nián sān yuè èrshíliù rì, wǎngshang chūxiànle yí

个 名为 "996. ICU" 的 项目, 意思 是 "工作
ge míngwéi "Jiǔjiǔliù. ICU" de xiàngmù, yìsi shì "gōngzuò

996, 生病 ICU", 来 揭露 互联网公司 加班 严重
jiǔjiǔliù, shēngbìng ICU", lái jiēlù hùliánwǎnggōngsī jiābān yánzhòng

的 现状。
de xiànzhuàng.

这 个 项目 上线 仅 三 天, 就 获得了 超过
Zhè ge xiàngmù shàngxiàn jǐn sān tiān, jiù huòdéle chāoguò

10 万 名 程序员 同行 的 支持 和 关注。 华为、
shí wàn míng chéngxùyuán tóngháng de zhīchí hé guānzhù. Huáwéi、

阿里巴巴、 京东、 苏宁、 拼多多、 ……互联网大公司
Ālǐbābā、 Jīngdōng、 Sūníng、 Pīnduōduō、 ……hùliánwǎngdàgōngsī

先后 被 列入 996 名单 里。
xiānhòu bèi lièrù jiǔjiǔliù míngdān li.

"996 工作 一 年, 我 辞职 了。" 工程师
"Jiǔjiǔliù gōngzuò yì nián, wǒ cízhí le." Gōngchéngshī

杨鹏, 结婚 后 背上了 房贷, 下一代 的 计划 也
Yáng-Péng, jiéhūn hòu bēishàngle fángdài, xiàyídài de jìhuà yě

提上了 日程, 经济 上 的 压力 迫使 他 选择
tíshàngle rìchéng, jīngjì shang de yālì pòshǐ tā xuǎnzé

高强度 的 工作。 "我 简直 在 拿命换钱。" 杨鹏
gāoqiángdù de gōngzuò. "Wǒ jiǎnzhí zài námìnghuànqián." Yáng-Péng

说。
shuō.

解読の手がかり

即～：「すなわち～だ」「つまり～だ」。会話体の"就是"に相当します。同様に"非"は会話体の"不是"の代わりに使われることがあります。

例文1：身份证挂失即失效。
　　　　Shēnfènzhèng guàshī jí shīxiào.

例文2：工伤还是非工伤，认定标准必须明确。
　　　　Gōngshāng háishi fēigōngshāng, rèndìngbiāozhǔn bìxū míngquè.

迫使他选择～：「彼が～を選ばざるを得なくする」「彼を追い込んで～を選ばせる」。前半は"迫使他"という動詞＋目的語、後半は"他选择"という主語＋動詞で、"他"は前半の目的語と後半の主語を兼ねている、つまり「兼語」となっています。こういう構造の文を兼語文と言います。使役文も兼語文の1種です。

例文1：有些餐厅常常迫使游客买饮料。
　　　　Yǒuxiē cāntīng chángcháng pòshǐ yóukè mǎi yǐnliào.

例文2：这件事真叫人心情不愉快。
　　　　Zhè jiàn shì zhēn jiào rén xīnqíng bù yúkuài.

語　注

二选一	（タイトル注）「二者択一」
项目	「プロジェクト」「キャンペーン」
揭露	「明るみに出す」「暴露する」
加班	「残業する」
上线	「オンラインする」
程序员	「プログラマー」
同行	「同業者」
华为	「ファーウェイ」。1987年に設立されたICT会社。
阿里巴巴	「アリババ」。ネット通販大手。アリペイの親会社。
京东	「京東商城（JD.com）」。ネット通販大手。
苏宁	「蘇寧電器」。家電量販の最大手。ラオックスやインテルを買収。
拼多多	「拼多多（ピンドゥオドゥオ）」。共同購入ができるネット通販会社。
名单	「リスト」
工程师	「エンジニア」
杨鹏	（人名）「楊鵬（よう・ほう）」
房贷	「住宅ローン」
下一代	「次の世代」。ここでは「子作り」の意味。
拿命换钱	「命を金に換える」

其实，现在，加班 似乎 成了 职场 年轻人 的
Qíshí, xiànzài, jiābān sìhū chéngle zhíchǎng niánqīngrén de

"必修课"。"不 情愿，但 也 离不开"，这 是 许多人
"bìxiūkè". "Bù qíngyuàn, dàn yě líbukāi", zhè shì xǔduōrén

的 心声。看似 矛盾，实 为 无奈。现实 中，愿意
de xīnshēng. Kànsì máodùn, shí wéi wúnài. Xiànshí zhōng, yuànyì

为 钱 加班 的 人 也 不少。而且，越 年轻，加班
wèi qián jiābān de rén yě bùshǎo. Érqiě, yuè niánqīng, jiābān

的 比例 越 高。"几乎 每天 都 加班" 的 人 中，
de bǐlì yuè gāo. "Jīhū měitiān dōu jiābān" de rén zhōng,

95后 占比 最 高，达到了　　　31.28%。
jiǔwǔhòu zhànbǐ zuì gāo, dádàole bǎifēnzhīsānshiyīdiǎnr'èrbā.

那么，加班 真的 就 能 满足 提高 收入 的 欲望
Nàme, jiābān zhēnde jiù néng mǎnzú tígāo shōurù de yùwàng

了 吗？全国总工会 的 一 项 调查 显示，只有
le ma? Quánguózǒnggōnghuì de yí xiàng diàochá xiǎnshì, zhǐyǒu

44% 的 人 拿到了 全额 加班费，也 就是说，
bǎifēnzhīsìshísì de rén nádàole quán'é jiābānfèi, yě jiùshishuō,

有 56% 的 人 在 为 公司 "无偿劳动"。
yǒu bǎifēnzhīwǔshíliù de rén zài wèi gōngsī "wúchángláodòng".

对比 我 国 2003 年 至 2018 年 的
Duìbǐ wǒguó èrlínglíngsān nián zhì èrlíngyībā nián de

居民收入 和 工作时长 数据 可以 发现，近年来
jūmínshōurù hé gōngzuòshícháng shùjù kěyǐ fāxiàn, jìnniánlái

居民 工作时间 基本 稳定，而 收入增速 却 逐步
jūmín gōngzuòshíjiān jīběn wěndìng, ér shōurùzēngsù què zhúbù

下降。说明 持续性加班，并 没有 获得 同等
xiàjiàng. Shuōmíng chíxùxìngjiābān, bìng méiyǒu huòdé tóngděng

增幅 的 收入回报。
zēngfú de shōurùhuíbào.

解読の手がかり

居民工作时间基本稳定：「住民は勤務時間が基本的に安定している」。主述述
　　語文です。主語の"居民"に対する述語"工作时间基本稳定"には、［小主
　　語"工作时间"＋述語"基本稳定"］が含まれており、述語が「主＋述」の
　　形になっているということです。小主語は大主語の属性か部分名称なので、
　　「住民の勤務時間は基本的に安定している」という訳し方もできます。

　　例文 1：他身体很健康。
　　　　　　Tā shēntǐ hěn jiànkāng.
　　例文 2：那个演讲的人说话好快。
　　　　　　Nà ge yǎnjiǎng de rén shuōhuà hǎo kuài.

并没有获得~：「けっして~を得てはいない」。"并"は否定の前に置いて
　　「けっして~ではない」「それほど~ではない」を表します。

　　例文 1：分数并不代表一切。
　　　　　　Fēnshù bìng bú dàibiǎo yíqiè.
　　例文 2：这样的解释，并不能说明问题。
　　　　　　Zhèyàng de jiěshì, bìng bù néng shuōmíng wèntí.

語　注

必修课	「必修科目」
情愿	「心から願う」
离不开	「離れられない」⇒ p.9 解読の手がかり
看似~	「~のように見える」
无奈	「やむを得ない」「やるせない」
越~越…	「~であればあるほど…だ」⇒ p.29 解読の手がかり
95 后	「1995 年以降生まれ」
全国总工会	「中華全国総工会」。"工会"は労働組合のこと。
就是说	「つまり」
无偿劳动	「無償労働」「サービス残業」
A 至 B	「A から B まで」。会話体の"到"に相当します。
而	「しかし」⇒ p.41 解読の手がかり

労働環境の変化はまさに時代の変化と表裏一体。ついこの間まで、より高級な消費へと国民一丸となって突き進んでいた中国でも、最近は、"共享"（シェア）経済が流行語となり、マイカーにもシェアカーの概念が導入されて、専用車種の開発も始まり、住宅でも、マイホームから賃貸へと明らかに大きな変化が生じています。もう旧聞に属しますが、日本の「断捨離」が中国に大きなインパクトを与えたのも、日本旅行が爆買いから文化に触れる楽しみに変化していることも、本シリーズの前号に取り上げた「旅かえる」も、そういった変化の表れでしょう。

中国では今、"90后"と呼ばれる1990年代生まれが20〜30歳の世代をすっぽり覆い、社会の新しい主流を構成しつつあります。そこで生じている変化とは、従来の学歴偏重の風潮に囚われず、自分の趣味や感性を大事にして将来の人生設計を、という個性的な生き方です。また、25歳以下の若者"95后"はもう完全なインターネット世代。彼らが課文のようなモーレツ社員にいつまで耐えられるか、は大いに疑問。

その証拠が、すでに1億人を超えると言われる中国の精神病患者。大多数がうつ病で、その数は9000万人、近年の統計では毎年の自殺者が100万人に達し、すでに心臓病と並ぶ二大疾病になりつつあります。

こうした状況に対処すべく、政府はすでに2015年の「全国精神衛生プラン（2015-2020）」で、「この2020年には精神科医の数を4万人にする、各一級行政区には必ず心理カウンセラーホットラインを設ける」といった目標を提示しました。ネット社会の発達が引き起こす「眠れない、疲れる・だるい、頭痛、食欲不振など」は、まさにこれからの労働環境整備に関わる最重要課題と言えましょう。

陳さんのつぶやき

午前、仕事の休み時間に携帯が鳴りました。当日夕方、池袋で6時から7時半までの通訳の仕事はできないかとの話。昼間の仕事は4時半に終わり、1時間で行けるので、ハイと引き受けました。その日夜8時から、銀座で友人らと会食する約束もありました▼手帳を見ながら時間を調整するのは私には日常茶飯事です。このような働き方をするのはフリーランスの人には普通のようです。仕事のダブルブッキングの話もよく耳にします▼働き方改革が叫ばれる世の中、自分の働き方はとても褒められるものではないと承知しています。しかし、私には、たとえ決まった時間に決まったところに行かなくても、家で調べ物をしたり、資料や参考書籍を読んだりする時間が必要です。さらに、授業料などを払って勉強することもあります▼働くことの定義は人それぞれでしょうね。

改变中国人生活的快递

Gǎibiàn Zhōngguórén shēnghuó de kuàidì

11 月 11 日は全国が熱狂の
渦に（左）
ロボットだけが駆け回る巨
大倉庫（下）

　今ではすっかり有名になった 11 月
11 日のネット販売。それを支えているの
が急速に発達した交通インフラ、すなわち
物流網の充実です。
　配達の確実性の向上、配達時間の短縮に
呼応した新ビジネスも次々に誕生、中国人
の日常生活が激変しつつあります。

2010 年 前, 11 月 11 日 还 叫 "光棍节",
Èrlíngyīlíng nián qián, shíyī yuè shíyī rì hái jiào "Guānggùnrjié",

但是, 今天 已经 没有 中国人 用 这 个 称呼
dànshì, jīntiān yǐjīng méiyǒu Zhōngguórén yòng zhè ge chēnghu

了。十 年 里, 孤单一人 的 节日 变成了 全民购物
le. Shí nián li, gūdānyìrén de jiérì biànchéngle quánmín'gòuwù

狂欢节, 也 把 电商 和 物流快递 两 个 行业
kuánghuānjié, yě bǎ diànshāng hé wùliúkuàidì liǎng ge hángyè

绑到了 一起。
bǎngdàole yìqǐ.

2009 年, 阿里巴巴 的 购物网站 淘宝 推行
Èrlínglíngjiǔ nián, Ālǐbābā de gòuwùwǎngzhàn Táobǎo tuīxíng

的 是 货到付款。即, 买家 把 钱 付给 送 快递 的
de shì huòdàofùkuǎn. Jí, mǎijiā bǎ qián fùgěi sòng kuàidì de

人, 然后 快递公司 和 淘宝 结算。但是, 电商 的
rén, ránhòu kuàidìgōngsī hé Táobǎo jiésuàn. Dànshì, diànshāng de

发展速度 远远 超出 物流行业 的 基建速度。
fāzhǎnsùdù yuǎnyuǎn chāochū wùliúhángyè de jījiànsùdù.

2011 年, 阿里巴巴 和 多 家 快递公司 联合
Èrlíngyīyī nián, Ālǐbābā hé duō jiā kuàidìgōngsī liánhé

进行 新 的 物流系统 的 建设。2014 年, 开始
jìnxíng xīn de wùliúxìtǒng de jiànshè. Èrlíngyīsì nián, kāishǐ

运用 数据化系统。2016 年, 迎来了 智能化时代。
yùnyòng shùjùhuàxìtǒng. Èrlíngyīliù nián, yíngláile zhìnénghuàshídài.

现在 活跃在 快递仓库 的 是 机器人。快递企业
Xiànzài huóyuèzài kuàidìcāngkù de shì jīqìrén. Kuàidìqǐyè

不仅 能够 应对 "双十一" 期间 如 洪水 般 的
bùjǐn nénggòu yìngduì "Shuāngshíyī" qījiān rú hóngshuǐ bān de

包裹, 配送效率 在 全世界 也 是 首屈一指。
bāoguǒ, pèisòngxiàolù zài quánshìjiè yě shì shǒuqūyìzhǐ.

解読の手がかり

没有中国人用这个称呼了：「この呼び名を使う中国人はいなくなった」。［"有"
＋目的語＋目的語を修飾する動詞性成分〕という構造です。

　例："有事要做"「することがある」

　例文 1：听说现在还有人吃这种东西。
　　　　　Tīngshuō xiànzài hái yǒu rén chī zhè zhǒng dōngxi.

　例文 2：有时间玩手机，却不用时间去想想人生。
　　　　　Yǒu shíjiān wánr shǒujī, què bú yòng shíjiān qù xiǎngxiang rénshēng.

把~绑到了一起：「~を 1 つにまとめた」。"把"は目的語を動詞の前に引き出
す働きがある介詞（前置詞）で、その目的語に何らかの処置を加えること
を表します。論説体では"将"もよく使われます。

　例文 1：领导只把目录草草看了一遍。
　　　　　Lǐngdǎo zhǐ bǎ mùlù cǎocǎo kànle yí biàn.

　例文 2：香港各界将粤港澳大湾区建设看成是发展的机会。
　　　　　Xiānggǎnggèjiè jiāng Yuè-Gǎng-Àodàwānqūjiànshè kànchéng shì fāzhǎn de jīhuì.

語　注

快递	（タイトル注）「宅配便」
光棍节	「独身の日」
孤单一人	「ひとりぼっち」
电商	「電子商取引」「EC」
淘宝	「タオバオ」。アリババ（⇒ p.21 語注）が運営する通販サイト。
货到付款	「代引き」
远远	「はるかに」
基建	「インフラ整備」。"基本建设"の略。
数据化	「デジタル化」
机器人	「ロボット」
不仅~也…	「~だけでなく…も」⇒ p.9 解読の手がかり
双十一	「11 月 11 日」
如~般	「~のような」
包裹	「小包」「荷物」
首屈一指	（四字成語）「1 番に挙げられる」「ナンバーワンだ」

电商 和 物流 的 协同发展 也 在 改变 人们
Diànshāng hé wùliú de xiétóngfāzhǎn yě zài gǎibiàn rénmen

的 生活方式。一 位 医生 说:"过去 值夜班,自己
de shēnghuófāngshì. Yí wèi yīshēng shuō: "Guòqù zhíyèbān, zìjǐ

带 盒饭,不仅 麻烦,还 容易 凉。有了 外卖,
dài héfàn, bùjǐn máfan, hái róngyì liáng. Yǒule wàimài,

大半夜 热饭 送上 门。"一 位 老人 家属 说:
dàbànyè rèfàn sòngshàng mén." Yí wèi lǎorén jiāshǔ shuō:

"外卖平台 不仅 能 叫 外卖,还 能 上门 送
"Wàimàipíngtái bùjǐn néng jiào wàimài, hái néng shàngmén sòng

药、跑腿 办事,实在 太 方便 了。"一 位 孩子
yào、pǎotuǐr bànshìr, shízài tài fāngbiàn le." Yí wèi háizi

家长 说:"寒暑假期间 再 也 不用 担心 孩子 的
jiāzhǎng shuō: "Hánshǔjiàqījiān zài yě búyòng dānxīn háizi de

午饭 了。"
wǔfàn le."

据 调查,外卖送餐时间 越来越 快,餐食品质
Jù diàochá, wàimàisòngcānshíjiān yuèláiyuè kuài, cānshípǐnzhì

越来越 高,吃 方便面 的 人 越来越 少。甚至 有
yuèláiyuè gāo, chī fāngbiànmiàn de rén yuèláiyuè shǎo. Shènzhì yǒu

35% 的 人 表示,租房 里 可以 没有 厨房。
bǎifēnzhīsānshiwǔ de rén biǎoshì, zūfáng li kěyǐ méiyǒu chúfáng.

当然,问题 也 很多。为了 赶 时间,快递 的
Dāngrán, wèntí yě hěnduō. Wèile gǎn shíjiān, kuàidì de

交通事故 频频 发生。过度 的 包装 带来了 严重
jiāotōngshìgù pínpín fāshēng. Guòdù de bāozhuāng dàiláile yánzhòng

的 垃圾问题。中国政府 在 2018 年,对 电商
de lājīwèntí. Zhōngguózhèngfǔ zài èrlíngyībā nián, duì diànshāng

与 物流行业,要求 尽快 实现 绿色包装 和
yǔ wùliúhángyè, yāoqiú jǐnkuài shíxiàn lǜsèbāozhuāng hé

绿色运输。
lǜsèyùnshū.

解読の手がかり

<u>再也不用～了</u>：「二度と～しなくてよくなった」。

例文 1：手机支付，再也不用担心假币了。

Shǒujīzhīfù, zài yě búyòng dānxīn jiǎbì le.

例文 2：原来咖啡渣这么有用，再也不马上扔了。

Yuánlái kāfēizhā zhème yǒuyòng, zài yě bù mǎshàng rēng le.

<u>越来越～</u>：「ますます～になる」。"越…越～"「…になればなるほど～になる」

もよく使われるので一緒に覚えておきましょう。

例文 1：美国农场主抱怨，日子越来越不好过。

Měiguó nóngchǎngzhǔ bàoyuàn, rìzi yuèláiyuè bù hǎoguò.

例文 2：科学技术越先进，人的生活节奏就越快。

Kēxuéjìshù yuè xiānjìn, rén de shēnghuójiézòu jiù yuè kuài.

語　注

值夜班	「当直する」「夜勤をする」
盒饭	「弁当」
外卖	「出前（広くケータリングを指す）」
大半夜	「真夜中」
送上门	「宅配する」「デリバリーする」 ⇒"送上"は p.3 解読の手がかり
外卖平台	「出前の注文サイト」
跑腿	「使い走りする」
寒暑假	「冬休みや夏休み」
方便面	「インスタントラーメン」
甚至	「ひいては」「さらには」⇒ p.63 解読の手がかり
赶时间	「時間に間に合わせる」
绿色包装、绿色运输	「エコ包装、エコ輸送」

　1つの宅配を届けるのに2014年は6日、2015年は4日かかりましたが、その翌年2016年には3.5日に短縮され、業務量も前年比51.7％増と急成長、1日の取扱量は1億件に達しました。その進化のスピードは目を見張るばかりで、今では配達物処理の機械化も進み、農村部の配達ネットカバー率も90％達成が目の前に迫っています。

　その一方で、これまで宅配には配達物の損壊、遅延、受け取りの齟齬、賠償の不誠実など様々な苦情が寄せられました。政府はその是正に全力を挙げる一方で、コールドチェーンやカスタマイズサービスまで手が回らない現状に鑑み、2017年4月には国務院が〈冷凍冷蔵物流食品安全強化と消費拡大促進に関する意見〉を出して、生鮮食料品の配送に万全を期すべく8つの措置を含めた対策に乗り出しました。

　2018年5月1日、〈宅配暫定条例〉が施行され、関連企業がその物流ネットワークの拠点を設置しやすくし、県レベル以上の人民政府には、宅配業の発展を当該地域の経済・社会発展プランに組み入れ、大規模な集散・選別センターを建設するよう指示しました。

　この面ではすでに民間で様々な動きがあります。京東は2018年に北京市海淀区で世界初の物流ロボットによる完全配送を開始、様々なレベルの無人倉庫の設置により1日当たりの受注処理能力は前年同期比で15・15倍になりました。蘇寧も店舗周辺コミュニティ3キロメートル以内生活圏からのオンライン注文を1時間で届ける即時配送サービス用に、エレベーターに乗ることもできる無人配送車「臥竜1号」を配備しました。こういったＥコマース各社の新しい物流技術の投入に、従来型の物流会社も新しい動きを見せています。

陳さんのつぶやき

上海に帰省したとき、母のスマホに、家の近くにできた配達専門のスーパーのアプリを入れて、注文してみました。画面にドラゴンフルーツ2つで5元と出てきました。100円以下で、自分の目を疑いつつ、購入をクリックしました。新会員の初回価格だそうです。5分後、ピンポンが鳴りました。本物でした！　母と胸をなでおろしました。味も上々で、得した気分になりました。1日1回は無料配達。その翌日から日本に帰国するまで毎日何かを買っていました▼日本では、週に1回生協の配達を利用しています。カタログを見て注文したものは翌週に来ます。30年前はこのシステムに感謝感激、いつか中国にもこのような便利なサービスがあったらなと上海の家族に話したこともあります▼ところで、1週間前注文したものを忘れて、配達日の前に同じものをスーパーで買ってしまい、悔しい思いをするのは今の私です。

电视剧《都挺好》, 为什么受欢迎

Diànshìjù «Dōu tǐng hǎo», wèishénme shòu huānyíng

一見なに不自由ない幸せな家庭（上）
その底には満たされない思いが（右）

大家族制から核家族化へ、中国社会は今、二千年以上続いた家族制度の崩壊に直面し、「家庭の美徳」の称揚、「家風の確立」の奨励など様々な活動を推進中。

とはいえ、一人っ子世代にのしかかる老父母の介護など、「家族の絆」だけでは支えきれない問題も……。

《都挺好》无疑是 2019 年 上半年 最
«Dōu tǐng hǎo» wúyí shì èrlíngyījiǔ nián shàngbànnián zuì

受人瞩目 的 电视连续剧。"都 挺 好"是 中国人
shòurénzhǔmù de diànshìliánxùjù. "Dōu tǐng hǎo" shì Zhōngguórén

在 家庭 中 常用 的 表达方式。电视剧 里 的
zài jiātíng zhōng chángyòng de biǎodáfāngshì. Diànshìjù li de

苏家, 老大 在 美国 工作, 老二 是 白领, 老三
Sūjiā, lǎodà zài Měiguó gōngzuò, lǎo'èr shì báilǐng, lǎosān

女儿 则 是 成功人士。看上去 "都 挺 好",
nǚ'ér zé shì chénggōngrénshì. Kànshàngqu "dōu tǐng hǎo",

但是, 强势 的 母亲 当家做主, 父亲 失位、父爱
dànshì, qiángshì de mǔqin dāngjiāzuòzhǔ, fùqin shīwèi, fù'ài

缺席。
quēxí.

　　由于 母亲 明显 偏袒 两 个 男孩, 聪明好学
Yóuyú mǔqin míngxiǎn piāntǎn liǎng ge nánháir, cōngminghàoxué

的 妹妹 苏明玉, 一 次 又 一 次 受到 伤害。18
de mèimei Sū-Míngyù, yí cì yòu yí cì shòudào shānghài. Shíbā

岁 那 年, 明玉 终于 和 母亲 决裂, 离开了 家庭,
suì nà nián, Míngyù zhōngyú hé mǔqin juéliè, líkāile jiātíng,

靠 自己 的 努力, 走上 成功之路。但是, 由于 不
kào zìjǐ de nǔlì, zǒushàng chénggōngzhīlù. Dànshì, yóuyú bú

被 爱, 明玉 也 不 去 爱, 只是 拼命 工作, 有
bèi ài, Míngyù yě bú qù ài, zhǐshì pīnmìng gōngzuò, yǒu

钱, 但 冷漠、刻薄。
qián, dàn lěngmò, kèbó.

　　老二 苏明成, 从小 受 母亲 溺爱, 理所当然地
Lǎo'èr Sū-Míngchéng, cóngxiǎo shòu mǔqin nì'ài, lǐsuǒdāngránde

抢走 妹妹 的 各种 机会。结婚 后, 也 要 母亲
qiǎngzǒu mèimei de gèzhǒng jīhuì. Jiéhūn hòu, yě yào mǔqin

帮助 自己, 属于 精神 上 没有 断奶 的 "妈宝男"。
bāngzhù zìjǐ, shǔyú jīngshén shang méiyǒu duànnǎi de "mābǎonán".

解読の手がかり

老三女儿则是成功人士：「第3子の娘はというと成功を摑んだ人だ」。"则"は
全体から個別の事例を引き出して「この場合はこう」と述べるときに使い
ます。

例文1：父亲是白领，母亲则是全职主妇。
Fùqin shì báilǐng, mǔqin zé shì quánzhízhǔfù.

例文2：中国人用手机付款，而日本人则喜欢用现金。
Zhōngguórén yòng shǒujī fùkuǎn, ér Rìběnrén zé xǐhuan yòng xiànjīn.

理所当然地抢走〜：「当然ながら〜を奪っていった」。助詞"地"は連用修飾
語（中国語文法では「状況語」）を導きます。

例文1：我们应该学会理直气壮地说不。
Wǒmen yīnggāi xuéhuì lǐzhíqìzhuàngde shuō bù.

例文2：老师绘声绘色地给孩子们讲故事。
Lǎoshī huìshēnghuìsède gěi háizimen jiǎng gùshi.

語 注

电视剧	（タイトル注）「テレビドラマ」
《都挺好》	（タイトル注）（番組名）意味は「まあ、なんとか」
受欢迎	（タイトル注）「人気がある」
受人瞩目	「注目される」
老大、老二、老三	「（男女にかかわらず）第1子、第2子、第3子」
白领	「ホワイトカラー」
当家做主	「一家の主人となる」
失位、缺席	いずれも「不在」の意味。
偏袒	「えこひいきする」
好学	「勉強好き」
苏明玉	（人名）「蘇明玉（そ・めいぎょく）」
靠〜	「〜に頼る」
成功之路	「成功の道」
刻薄	「冷酷」「（話し方が）辛辣」
苏明成	（人名）「蘇明成（そ・めいせい）」
从小	「幼いころから」
理所当然	（四字成語）「理の当然だ」
抢走	「奪っていく」⇒ p.3 解読の手がかり
断奶	「乳離れする」
妈宝男	「マザコン男」「ママっ子男子」

但是，母亲的突然去世，让他失去了精神支柱，也让他跟哥哥和妹妹之间的矛盾激化。

沟通与表达，从来不是中国人在亲情上的强项，"都挺好"一句话，掩盖了很多真实。这部电视剧使关于原生家庭的讨论白热化。《都挺好》的网络收看用户中，女性观众占比超过70%，90后和80后均占据了46%。很多人看了这部电视剧后的第一个感想就是，特别真实。

中国家庭的问题，并非这几年才开始出现的。对50后、60后的一辈人来说，由于成长在物质匮乏的时代，不太意识到家庭对自身性格的影响。但80后、90后对自己的生存方式更为敏感，因而，在原生家庭受过心灵创伤的人对父母的抵触进一步加深，他们不希望看到苏明玉与家庭和解。

解読の手がかり

<u>让~／使~</u>：「～させる」。いずれも使役に使われます。ただ、ある行為の結果を導くことが多いので、"~让 A…" "~使 A…" は「～が A を…させる」だけでなく、「～の結果 A は…となった」のような訳もできます。

例文1：攀岩运动让人兴奋。
　　　　Pānyányùndòng ràng rén xīngfèn.

例文2：全球气候变暖，使滑雪季节变短。
　　　　Quánqiúqìhòubiànnuǎn, shǐ huáxuějìjié biàn duǎn.

<u>家庭对自身性格的影响</u>：「自身の性格への家庭の影響」。["A 对 B 的" ＋名詞] で「B に対する A の～」を表します。中国語では ["A 的对 B 的" ＋名詞] とは絶対に言いませんが、日本語では「A の」と補う必要があります。この文型は、前から順に「A の B に対する～」と訳すと、「A の B」「A の～」の 2 通りの意味にとれる文になってしまいます。ですから、介詞構造の部分を先に訳す癖をつけましょう。介詞は "对" に限りません。

例文1：中国在世界的影响力越来越大。
　　　　Zhōngguó zài shìjiè de yǐngxiǎnglì yuèláiyuè dà.

例文2：他对这个问题的看法引起很大议论。
　　　　Tā duì zhè ge wèntí de kànfǎ yǐnqǐ hěn dà yìlùn.

語　注

去世	「逝去する」「亡くなる」
沟通与表达	「コミュニケーションと伝達」 cf. p.5 解読の手がかり
从来	「これまでずっと」
强项	「得意種目」
掩盖	「覆い隠す」
原生家庭	「生まれ育った家庭」
网络收看用户	「ネットで視聴するユーザー」
90 后、80 后	「90 年代生まれ、80 年代生まれ」
均	「みな」「すべて」。会話体の "都" に相当します。
部	作品を数える量詞。
并非~	「けっして～ではない」⇒ p.23 解読の手がかり
一辈人	「世代」
物质匮乏	「物がない」
更为~	「より～だ」「さらに～だ」
心灵创伤	「心的外傷」「トラウマ」

　改革開放が始まって40年が過ぎました。言うまでもなくそれは、中国五千年の歴史の中でも庶民生活の変化が最も激しかった40年と言えるでしょう。40年前、上海は灰色一色の煤けた街でした。北京では長安街をロバの引く荷車が闊歩していました。

　朝起きると歯ブラシを口にくわえ、街の"報刊亭"で買ってきた新聞を読みながら仕切りのない公衆便所でしゃがんでいるおじさん、街のあちこちにある露天商たちが集う青空市、夏ともなれば至る所にスイカが山積みになり、そのゴミから漂うすえた匂い、大通りに日陰を作る街路樹の並木、そして自転車の洪水……。

　そんな生活から、"温飽"（衣食が十分）の生活へ、そして"小康生活"、さらに"富裕"へとまっしぐらに突き進んできた中国。その速さは"70后""80后""90后""00后"と呼ばれる各世代を鮮明に色分けし、また、最近ではインターネット世代を指す"95后"という言葉も使われます。90年代当初は3％ほどだった大学進学率が40％を超え、9年間の義務教育も90年代から急速に普及し、若者世代の意識は大きく変化しています。

　経済水準が一定の段階に達し、過去を振り返る余裕ができ、知らず知らずのうちに失ってしまった、また、失いつつあるものへの哀惜の情が醸し出される一方、課文にあるように、家族の紐帯が崩れ、個人がその居所を模索し始めた中国。それは、一方で、急速に進む高齢化社会をどう支えていくのか、という課題とも直結し、親の介護、子どもの自己実現、DV、引きこもりなど、経済発展の代償として様々な問題も生じています。それゆえ、最近では、社区と呼ばれる地域コミュニティや、民間組織の役割がこれまでになく重要視され始めています。

🧑 陳さんのつぶやき

縛りのあるドラマよりも映画をよく見ます。『ボヘミアン・ラプソディ』を見た後、CDやDVDまで何枚も買いました。『名探偵ピカチュウ』を見た後、ピカチュウ人形をアマゾンで買ってしまいました。こちらも結構なお値段。しかし、あのつぶらな瞳、ふっくらしたほっぺに頼りなげなちっちゃな足が堪りません。"入迷"とはこういうことか。帽子をかぶっているピカチュウはいまもソファーに座っています▼どんな映画が好きと聞かれると、答えに困ります。その時の気分で映画を選んでいます。泣きたい、笑いたい、懐かしみたい、不思議な世界迷い込みたい、誰かに怒られたい、そして誰かに怒りたい、深刻になりたい、などなど。1つの枠に、誰かのファンになるような年ではなくなったので、自由に映画を見ることができる今がいいと思います▼ふと気づきましたが、自分が選んだ映画の中に自分がいること。

称呼中看出人际关系和社会的变化

Chēnghu zhōng kànchū rénjìguānxi hé shèhuì de biànhuà

時と所と立場が変われば呼び名も変わる

誰をどう呼ぶか、時代の変化とともに呼び方も変わっていきます。見方を変えれば、呼び方の変化に時代が反映されます。

夫婦の呼び方一つをとっても、自分のパートナーを呼ぶ場合と、他人の夫や妻を呼ぶ場合、目上の人や地位の高い人を呼ぶ場合には違いが。調べてみると面白いかも。

〈1〉 怎么 叫 年轻 的 女性
〈yī〉 Zěnme jiào niánqīng de nǚxìng

很多 人 觉得, 现在 能 用来 称呼 年轻女性
Hěnduō rén juéde, xiànzài néng yònglái chēnghu niánqīngnǚxìng

的 词 越来越 少。 上世纪 流行过 叫 "小姐", 一时,
de cí yuèláiyuè shǎo. Shàngshìjì liúxíngguo jiào "xiǎojiě", yìshí,

不管 是 官方 的 还是 民间 的 职场, 都 以 叫
bùguǎn shì guānfāng de háishi mínjiān de zhíchǎng, dōu yǐ jiào

"小姐" 为主。 饭店 的 女服务员 也 是 "小姐"。
"xiǎojiě" wéizhǔ. Fàndiàn de nǚfúwùyuán yě shì "xiǎojiě".

但是, 90 年代 后期, "小姐" 成了 特殊职业 的
Dànshì, jiǔshí niándài hòuqī, "xiǎojiě" chéngle tèshūzhíyè de

代名词, 年轻女性 开始 拒绝 这 个 称呼。
dàimíngcí, niánqīngnǚxìng kāishǐ jùjué zhè ge chēnghu.

有 个 网友 说, 去 饭店 吃 饭, 喊 "小姐,
Yǒu ge wǎngyǒu shuō, qù fàndiàn chī fàn, hǎn "Xiǎojiě,

买单!" 店员 一 个 也 不 理 他, 喊了 "服务员"
mǎidān!" Diànyuán yí ge yě bù lǐ tā, hǎnle "fúwùyuán"

后, 才 有 店员 过来。 后来 也 流行过 "美女"、
hòu, cái yǒu diànyuán guòlái. Hòulái yě liúxíngguo "měinǚ"、

"小姐姐" 等 称呼, 但 都 遭到 女性 拒绝。
"xiǎojiějie" děng chēnghu, dàn dōu zāodào nǚxìng jùjué.

那么, 对 年轻 的 女性, 到底 该 怎么 称呼
Nàme, duì niánqīng de nǚxìng, dàodǐ gāi zěnme chēnghu

才 既 有 时代气息、 又 得体 呢? 今天 的 中国,
cái jì yǒu shídàiqìxī, yòu détǐ ne? Jīntiān de Zhōngguó,

女性 的 社会地位 在 提高, 但 对 女性 的 称呼 却
nǚxìng de shèhuìdìwèi zài tígāo, dàn duì nǚxìng de chēnghu què

还 跟不上 时代 的 发展。
hái gēnbushàng shídài de fāzhǎn.

解読の手がかり

不管 A 还是 B 都~：「A であろうと B であろうとみな~だ」。

　例文 1：不管是晴天，还是雨天，我都去跑步。

　　　　Bùguǎn shì qíngtiān, háishi yǔtiān, wǒ dōu qù pǎobù.

　例文 2：不管是体力劳动还是脑力劳动，都能为社会做出贡献。

　　　　Bùguǎn shì tǐlìláodòng háishi nǎolìláodòng, dōu néng wèi shèhuì zuòchū gòngxiàn.

以叫 "小姐" 为主：「"小姐" と呼ぶのを主とする」。"以~为…" は「~を… とする」という意味です。

　例文 1：以邻为壑，不是好的外交政策。

　　　　Yǐ lín wéi hè, bú shì hǎo de wàijiāozhèngcè.

　例文 2：上海以世界科学家论坛为契机引进人才。

　　　　Shànghǎi yǐ Shìjièkēxuéjiālùntán wéi qìjī yǐnjìn réncái.

語 注

人际关系	（タイトル注）「人間関係」
买单	「お勘定をする」
一个也	「1 人も」「1 人として」
不理	「相手にしない」
才	「やっと」⇒ p.83 解読の手がかり
到底	「いったい」「結局」
该~	「~すべきだ」。会話体の "应该" に相当します。
怎么~才…	「どう~すれば…なのか」
既~又…	「~でもあり…でもある」⇒ p.65 解読の手がかり
时代气息	「時代の息吹」「その時代らしさ」
得体	「ふさわしい」
跟不上	「ついていけない」⇒ p.9 解読の手がかり

〈2〉 丈夫、妻子 称呼 的 变化
〈èr〉 Zhàngfu、qīzi chēnghu de biànhuà

这 一百 年 里，家庭成员 称呼 中，变化 最
Zhè yìbǎi nián li, jiātíngchéngyuán chēnghu zhōng, biànhuà zuì

多 的 大概 是 对 丈夫 和 妻子 的 叫法。上世纪
duō de dàgài shì duì zhàngfu hé qīzi de jiàofǎ. Shàngshìjì

2、30 年代，开始 流行 用 "先生" 和 "太太"。
èr、sānshí niándài, kāishǐ liúxíng yòng "xiānsheng" hé "tàitai".

大陆 也 在 上世纪 80 年代 恢复 使用 这 种
Dàlù yě zài shàngshìjì bāshí niándài huīfù shǐyòng zhè zhǒng

称呼，不过，表示 敬意 的 时候 比较 多。
chēnghu, búguò, biǎoshì jìngyì de shíhou bǐjiào duō.

上世纪 3、40 年代，革命根据地 提倡
Shàngshìjì sān、sìshí niándài, gémìnggēnjùdì tíchàng

男女平等，于是 夫妻 互相 用 "爱人" 称呼 对方。
nánnǚpíngděng, yúshì fūqī hùxiāng yòng "àiren" chēnghu duìfāng.

这 个 称呼，在 解放 后，只 用于 大陆，而 现在
Zhè ge chēnghu, zài jiěfàng hòu, zhǐ yòngyú Dàlù, ér xiànzài

的 年轻人 已经 很少 使用 这 个 词 了。
de niánqīngrén yǐjīng hěnshǎo shǐyòng zhè ge cí le.

目前 最 流行 的 叫法 是 "老公"、"老婆"。
Mùqián zuì liúxíng de jiàofǎ shì "lǎogōng"、"lǎopó".

据说，这 是 由于 受 港台地区 的 电影 的 影响。
Jùshuō, zhè shì yóuyú shòu Gǎng-Táidìqū de diànyǐng de yǐngxiǎng.

虽然 称呼 里 有 "老" 字，但是 用 的 最多 的
Suīrán chēnghu li yǒu "lǎo" zì, dànshì yòng de zuì duō de

却 是 年轻人。
què shì niánqīngrén.

夫妻 之间 称呼 的 变化，也 反映了 中国社会
Fūqī zhījiān chēnghu de biànhuà, yě fǎnyìngle Zhōngguóshèhuì

中 男女 的 社会地位 以及 关系 的 变化。
zhōng nánnǚ de shèhuìdìwèi yǐjí guānxi de biànhuà.

解読の手がかり

__而现在的年轻人～__：「しかし現在の若い人は～だ」。"而"は順接にも逆接にも
使える接続詞です。ここでは逆接です。

例文1：这是个难题，而又不得不去面对。
　　　　Zhè shì ge nántí, ér yòu bùdébú qù miànduì.

例文2：笑而不语是一种豁达，痛而不言是一种教养。
　　　　Xiào'érbùyǔ shì yì zhǒng huòdá, tòng'érbùyán shì yì zhǒng jiàoyǎng.

__虽然～但是…__：「～だけれども…だ」。

例文1：生命中虽然会有曲折，但是也会有希望。
　　　　Shēngmìng zhōng suīrán huì yǒu qūzhé, dànshì yě huì yǒu xīwàng.

例文2：虽然梵高生前只卖出了一幅画，但是现在他的作品已是天价。
　　　　Suīrán Fán-Gāo shēngqián zhǐ màichūle yì fú huà, dànshì xiànzài tā de zuòpǐn
　　　　yǐ shì tiānjià.

語　注

家庭成员　　　「家族」
革命根据地　　「革命根拠地」。国共内戦期に中国共産党が各地に設置した革命
　　　　　　　の拠点。
很少～　　　　「あまり～しない」
据说～　　　　「～だそうだ」
港台地区　　　「香港・台湾地域」

　時代とともに、人の呼び方も変わり、生活スタイルも変わります。生活スタイルの変化を最も如実に示すのが家計簿。三種の神器などと呼ばれる物品も変化していますし、同じ物であっても値段が随分変わります。

　1年半ほど前、人民日報に湖北省咸寧市崇陽県銅鐘郷清水村の村民、沈懐徳さんの家計簿に関する記事が掲載されました。36年間29冊に及ぶ現金出納帳に記載されている数字の1つ1つが時代の変遷を記録しているわけで、偶然それを目にした銅鐘郷幹部の陳振清さんによって沈さんの出納帳は湖北省資料館に収蔵されることになりました。

　沈さんが所帯を持った1981年旧暦7月18日当時、手元の現金は10.6元。中秋節に餅と醬油を1.45元で買いました。その頃改革開放が始まり、沈さんも生産責任制の実施で田畑を分配されました。それからは暮らしも日一日と向上し、1982年には家計も黒字になり、1983年に28元で人生初の腕時計を買いましたが、半年で壊れ、修理に4元かかったとも。

　収入が1万元を超えたのは、鄧小平による南巡講話の2年後の1994年。その後、沈さんの収入は増加し続け、2014年からは毎年、3.5万元、5.2万元、5.7万元、6.4万元と急速に増えています。

　37年間の帳簿を見ると、交際費以外で最大の支出は学費。子どもが7人いたため、全員学校に通っていた1997年には総額5553.25元と、当時の総収入の3分の1を超えました。帳簿は2000年に2037元もした農業税が2006年に廃止されたことも記録しています。

　沈さんは1995年に牛を売り、村で初めて耕運機を購入し、他人の耕作を手伝うことから事業を拡大、その後、畜産業で成功し、今ではハトの売上だけでも1万元を超え、副業収入は年間5万元近くになったということです。

🙂 陳さんのつぶやき

『論語・季子第十六』の最後に、これまでお偉い学者の方に首を傾げさせてきた一段があります。原文："邦君之妻、君称之曰夫人、夫人自称曰小童、邦人称之曰君夫人、称諸異邦曰寡小君、異邦人称之亦曰君夫人也"。現代和訳：一国の君主の妻の呼称について、君主は「夫人」と呼び、夫人自身は小童と自称し、その国の人々は「君夫人」と呼ぶ。外国に対しては「寡夫人」と称するが、外国人が称する場合も「君夫人」と呼ぶ（訳文は加藤徹氏の『本当は危ない「論語」』より）▼いやはや、ファーストレディーをどう呼ぶか、古代の人も結構困っていたようですね▼ところで、「論」の中国発音はふつう lùn ですが、『論語』の「論」だけは lún。長年、それは『論語』が特別だからだと思っていましたが、加藤氏の上記の著書によりますと、『論語』は古代、『倫語』、もしくは『綸語』とも書かれたそうです。それなら納得、どれも発音が lún ですから。

茶马古道上的普洱思茅——从普洱茶到咖啡豆

Chámǎgǔdào shang de Pǔ'ěr Sīmáo ——cóng Pǔ'ěrchá dào kāfēidòu

雲南省全体を走る古代から
の交易ルート（左）

往年のキャラバン隊（下）

　プーアル茶の故郷がコーヒー豆の産地
に、と聞けば、誰もがびっくり。そんな現
象が今中国各地で起こっています。
　「一村一品」運動による村おこしが全国
に広がり、新しい特産品づくりが盛んに。
スターバックスも使い始めたプーアル産
コーヒー豆の前途が注目されます。

云南省 普洱 思茅地区，自古以来 就是 普洱茶
Yúnnánshěng Pǔ'ěr Sīmáodìqū, zìgǔyǐlái jiùshì Pǔ'ěrchá

的 重要产地。普洱茶 闻名于世，是 近代 的 事情，
de zhòngyàochǎndì. Pǔ'ěrchá wénmíngyúshì, shì jìndài de shìqing,

古代 则 是 藏族地区 不可缺少 的 饮料材料，藏民族
gǔdài zé shì Zàngzúdìqū bùkěquēshǎo de yǐnliàocáiliào, Zàngmínzú

爱 喝 的 酥油茶 需要 普洱茶。滇藏茶马古道 就是
ài hē de sūyóuchá xūyào Pǔ'ěrchá. Diān-Zàngchámǎgǔdào jiùshì

一 条 马帮们 的 道路。
yì tiáo mǎbāngmen de dàolù.

滇藏茶马古道 大约 兴起于 唐代，千百年来，
Diān-Zàngchámǎgǔdào dàyuē xīngqǐyú Tángdài, qiānbǎiniánlái,

在 险峻 的 山岭 中，无数 的 马帮 踏出了 一 条
zài xiǎnjùn de shānlǐng zhōng, wúshù de mǎbāng tàchūle yì tiáo

漫长 的 小道。思茅地区 当地 的 老人 至今 还 有
màncháng de xiǎodào. Sīmáodìqū dāngdì de lǎorén zhìjīn hái yǒu

马帮 的 记忆："马帮 来 了，就 可以 和 他们
mǎbāng de jìyì: "Mǎbāng lái le, jiù kěyǐ hé tāmen

交换 想要 的 东西。""我们 这里 是 茶马驿道
jiāohuàn xiǎngyào de dōngxi." "Wǒmen zhèli shì chámǎyìdào

上 的 必经之地，来来往往 的 人 都 要 在 这里
shang de bìjīngzhīdì, láiláiwǎngwǎng de rén dōu yào zài zhèli

歇脚。"
xiējiǎo."

今天，马帮 已 成 历史，古道遗迹 也 成了
Jīntiān, mǎbāng yǐ chéng lìshǐ, gǔdàoyíjì yě chéngle

观光地区，但 普洱 思茅地区 却 开始了 一 条 新
guānguāngdìqū, dàn Pǔ'ěr Sīmáodìqū què kāishǐle yì tiáo xīn

的 发展之路：生产 咖啡。习惯 种 茶 的 农民
de fāzhǎnzhīlù: shēngchǎn kāfēi. Xíguàn zhòng chá de nóngmín

开始 转种 咖啡。
kāishǐ zhuǎnzhòng kāfēi.

解読の手がかり

~就是一条马帮们的道路：「～とはキャラバンの道だ」。[A 是一个 B] の構文
が使われています。これは「A とはこういうものだ」という説明口調を表
し、"一个"を「1 つの」とは訳しません。量詞は後の名詞に従って様々な
ものに替わります。

例文 1：那是一款新的苹果手机。
　　　　Nà shì yì kuǎn xīn de Píngguǒshǒujī.

例文 2：这是一本介绍香港历史的书。
　　　　Zhè shì yì běn jièshào Xiānggǎnglìshǐ de shū.

兴起于唐代：「唐代に興る」。"于"は様々な用法がありますが、ここでは後に
時間が置かれる用法です。

例文 1：布达拉宫始建于 16 世纪。
　　　　Bùdálāgōng shǐjiànyú shíliù shìjì.

例文 2：文化大革命发生于上世纪 60 年代。
　　　　Wénhuàdàgémìng fāshēngyú shàngshìjì liùshí niándài.

語　注

茶马古道	（タイトル注）「茶馬古道（ちゃばこどう）」。雲南省の茶葉とチベットの馬の交易ルート。「古道」は旧街道の意。
普洱思茅	（タイトル注）（地名）「（雲南省）普洱（プーアル）市思茅（しほう）区」
云南省	（地名）「雲南省」。
自古以来	「古くから」
闻名于世	「広く世に知られている」
藏族	「チベット族」。中国の少数民族の 1 つ。
不可缺少	「欠かせない」
酥油茶	「バター茶」
滇藏	「雲南とチベット」。"滇"は雲南省の別称。
马帮	「荷馬のキャラバン」
必经之地	「必ず通る場所」
来来往往	「行き交う」。動詞"来往"の重ね型。
歇脚	「足を休める」
转种	「転作する」

上世纪 80 年代 后期，**雀巢公司** 的 人 偶然
Shàngshìjì bāshí niándài hòuqī, Quècháogōngsī de rén ǒurán

来到 普洱 思茅地区，发现 这里 非常 适合 种植
láidào Pǔ'ěr Sīmáodìqū, fāxiàn zhèli fēicháng shìhé zhòngzhí

咖啡豆。**此后** 的 30 年 里，雀巢公司 **先后** 派出
kāfēidòu. Cǐhòu de sānshí nián li, Quècháogōngsī xiānhòu pàichū

七 位 农艺专家 到 普洱 指导 咖啡 种植。其中
qī wèi nóngyìzhuānjiā dào Pǔ'ěr zhǐdǎo kāfēi zhòngzhí. Qízhōng

第四 和 第五 任 专家 是 **比利时人** **杨迪迈** 和
dìsì hé dìwǔ rèn zhuānjiā shì Bǐlìshírén Yáng-Dímài hé

邬特，巧 的 是 他们 是 父子。
Wūtè, qiǎo de shì tāmen shì fùzǐ.

2002 年，父亲 杨迪迈 来到 普洱，**手把手**
Èrlínglíng'èr nián, fùqin Yáng-Dímài láidào Pǔ'ěr, shǒubǎshǒu

指导 当地农民 种植 咖啡豆，**赢得**了 当地人 的
zhǐdǎo dāngdìnóngmín zhòngzhí kāfēidòu, yíngdéle dāngdìrén de

尊重。儿子 邬特 则 经常 骑着 摩托车，跑在 难行
zūnzhòng. Érzi Wūtè zé jīngcháng qízhe mótuōchē, pǎozài nánxíng

的 普洱山路 上，**进村串寨**，和 **咖农** 面对面
de Pǔ'ěrshānlù shang, jìncūnchuànzhài, hé kānóng miànduìmiàn

交流，不断 扩展 雀巢 的 "咖啡地图"。
jiāoliú, búduàn kuòzhǎn Quècháo de "kāfēidìtú".

普洱，现在 已 成为 一 个 产量 高、品质 优
Pǔ'ěr, xiànzài yǐ chéngwéi yí ge chǎnliàng gāo、pǐnzhì yōu

的 咖啡豆产地，不仅 是 雀巢公司，就 连 星巴克
de kāfēidòuchǎndì, bùjǐn shì Quècháogōngsī, jiù lián Xīngbākè

也 开始 使用 普洱 生产 的 咖啡豆。从 茶马古道
yě kāishǐ shǐyòng Pǔ'ěr shēngchǎn de kāfēidòu. Cóng chámǎgǔdào

的 普洱茶源头 到 "中国咖啡之都"，普洱 的 历史
de Pǔ'ěrcháyuántóu dào "Zhōngguókāfēizhīdū", Pǔ'ěr de lìshǐ

仍 在 延续。
réng zài yánxù.

解読の手がかり

骑着摩托车：「バイクに乗って」。"着" は動作の持続や進行を示す助詞です。"～着…" で「～した状態で…する」「～しながら…する」という意味になります。

例文1：不能开着车看手机！
　　　　Bùnéng kāizhe chē kàn shǒujī!

例文2：一边听着妈妈唠叨，一边做菜。
　　　　Yìbiān tīngzhe māma láodao, yìbiān zuòcài.

连星巴克也开始使用～：「スターバックスさえ～を使い始めた」。"连～也…" は "连～都…" とも言います。

例文1：连80多岁的母亲也在用手机付钱。
　　　　Lián bāshiduō suì de mǔqin yě zài yòng shǒujī fù qián.

例文2：时代抛弃你时，连声再见都没有。
　　　　Shídài pāoqì nǐ shí, lián shēng zàijiàn dōu méiyǒu.

語　注

雀巢公司	（会社名）「ネッスル」
此后	「この後」
先后	「相次いで」
比利时	（国名）「ベルギー」
杨迪迈、邬特	（人名）「ヤン・デ・スマイト、ウォタ（・デ・スマイト）」
手把手	「手取り足取り」
赢得	「勝ち取る」
进村串寨	「村や村落を1つひとつ回る」
咖农	「コーヒー農家」
星巴克	（会社名）「スターバックス」
源头	「源」
仍	「いまだに」。会話体の "仍然" に相当します。

━━━ ●放大鏡● ━━━

　東西文化の交流と言えば、まず第一に「絹の道」が頭に浮かびますが、これと並び称せられるのが「茶の道」、そしてもう１つ欠かせないのが「香料の道」。香水と言えば我々はすぐ花の都パリを思い出しますが、中国もまた昔から豊かな「香り文化」を育んでいます。

　日本にも中国から伝わった香道があり、香炉で香りを焚いて楽しみますが、その行為を「聞香」と言います。「香を嗅ぐ」ではなく、「香を聞く」とは何と日本人は雅な、と勘違いした日本人がいましたが、実は"聞"は現代中国語でも「嗅ぐ」という意味です。中国では遠く三国時代の魏の曹丕（文帝）の時代に早くも"聞香"を楽しんでいました。

　2018年３月、パリ市立チェルヌスキ美術館で「中国の芳香——古代中国の香り文化」展が公開され、人民日報にもそれを詳しく紹介する記事が掲載されました。それによると、会場には中国古代の女性が香を楽しむ姿を描いた明代の画家陳洪綬による「斜倚薫籠図」が掲げられ、ポスターにもなっていたそうです。同記事ではまた「古代中国で、香は宮廷や寺院、日常の住まいで祭祀や儀礼、生活芸術として広く使われ、文人にも愛されていた。展示室には、中国の香料・香炉・香皿・香包み・香机・香合・香立て・香筒などの香道具が整然と並び、重厚な歴史の趣きを醸し出していた」と解説しています。

　元チェルヌスキ博物館長で中国芸術史の専門家エリック・ルフェーブル氏は「香そのものは無形文化ですが、香の風俗習慣は陶磁器・漆器・絵画など中国の様々な物や文学芸術作品に形をとどめ、中国の華やかな芸術文化を具現化しています」と述べています。香料はまた食品にも多く用いられ、重要な東西交易のアイテムになっていました。

陳さんのつぶやき

中国では『論語』、欧米では古代ギリシャ哲学が今も学校教育において欠かせないものです。なぜ、いまでも、なお二千年も前のものが必要でしょうか。二千年前の衣食住関係のものを欲する人はとっくにいないのに▼いつか、『論語』なんてもういらないと言えるようになったら、それが中国人が進歩したことを意味するというのは私の持論兼冗談▼科学の発展はいくつもの歴史の積み重ねを経てきたものですが、人間の心もそういう過程があっておかしくないはずです。しかし、残念ながら、今の人間も相変わらず、問題を敵対関係の口実にし、制裁、報復、抗議、暴力、鎮圧、戦争をし続けています。結局、歴史書物は人類の行為を記録するもので、人間の心を内省するためのものになっていません▼そして、今日も「温故知新」を唱えている私。

城市花絮

Chéngshì huāxù

公衆電話に続き、ATM も風前の灯火

　　カードを使った支払いからスマホ決済に、この流れは止まるところを知りません。そこで外国人旅行者は要注意。
　　地下鉄を利用しようにも、窓口は閉鎖、券売機は小銭投入口が使えない、ということもしばしば。そんなときは後ろの中国人にお金を渡して、スマホで買ってもらいます。

〈1〉 ATM 机 "**大撤离**"
〈yī〉　ATM jī　"dàchèlí"

中国　ATM　在　上演 "**大撤离**"。北京　**西单**
Zhōngguó　ATM　zài　shàngyǎn　"dàchèlí".　Běijīng　Xīdān-

购物中心　一　楼　东北角　的　一　台　**光大银行**
gòuwùzhōngxīn　yī　lóu　dōngběijiǎo　de　yì　tái　Guāngdàyínháng

ATM 机，进入　2019　年　后，**悄然**　消失。现在，没
ATM jī,　jìnrù　èrlíngyījiǔ nián hòu,　qiǎorán　xiāoshī.　Xiànzài,　méi

人　**取**　**现金**　了，也　没　人　去 ATM 机　**转账**　了。而
rén　qǔ　xiànjīn　le,　yě　méi　rén　qù ATM jī　zhuǎnzhàng　le.　Ér

一　台　ATM 机　一　个　月　收取　的　手续费，**连**　租金
yì　tái　ATM jī　yí　ge　yuè　shōuqǔ　de　shǒuxùfèi,　lián　zūjīn

都　不　够。
dōu　bú　gòu.

　　ATM 机　在　2018　年　减少了　6.8%。由于
　　ATM jī　zài　èrlíngyībā nián　jiǎnshǎole　bǎifēnzhīliùdiǎnrbā.　Yóuyú

扫码支付　在　最近　两　三　年　迅速　普及，出门　只
sǎomǎzhīfù　zài　zuìjìn　liǎng　sān　nián　xùnsù　pǔjí,　chūmén　zhǐ

带　手机　成为　越来越　多　人　的　选择，不　收　现金
dài　shǒujī　chéngwéi　yuèláiyuè　duō　rén　de　xuǎnzé,　bù　shōu　xiànjīn

的　店铺　也　在　增加。而　同时，ATM 机　的　生产公司、
de　diànpù　yě　zài　zēngjiā.　Ér tóngshí,　ATM jī　de　shēngchǎngōngsī,

现金押运公司　的　日子　越来越　**不**　**好过**。有　人
xiànjīnyāyùngōngsī　de　rìzi　yuèláiyuè　bù　hǎoguò.　Yǒu　rén

指出，传统　意义　上　的　银行形态　正在 "消失"。
zhǐchū,　chuántǒng　yìyì　shang　de　yínhángxíngtài　zhèngzài　"xiāoshī".

〈2〉 餐厅 **后厨**，**线上**　**看得见**
〈èr〉　Cāntīng hòuchú,　xiànshang　kàndejiàn

　　明亮　的　厨房　中，整齐地　摆放着　各类
　　Míngliàng　de　chúfáng　zhōng,　zhěngqíde　bǎifàngzhe　gèlèi

调料、餐具，几　名　厨师　**有条不紊**地　忙碌着，
tiáoliào,　cānjù,　jǐ　míng　chúshī　yǒutiáobùwěnde　mánglùzhe,

解読の手がかり

中国 ATM <u>在</u>上演 "大撤离"：「中国の ATM 機は『総撤退』しつつある」。"在"
は動詞の前に置かれて動作が進行中であることを表します。"正在" になる
と「まさに」「ちょうど」といったニュアンスが加わります。

> 例文 1：电车上，大部分人低头<u>在</u>看手机。
> Diànchē shang, dàbùfen rén dītóu zài kàn shǒujī.

> 例文 2：郑州<u>正在</u>建一座世界第一大火车站。
> Zhèngzhōu zhèngzài jiàn yí zuò shìjiè dìyīdà huǒchēzhàn.

<u>减少了</u> 6.8%：「6.8% 減少した」。増減の幅を言う表現です。到達点を表す "减
少到 6.8%" 「6.8% まで減少した」と混同しないように、しっかり区別しま
しょう。

> 例文 1：科学家们说，太阳活动<u>减少了</u> 60%。
> Kēxuéjiāmen shuō, tàiyánghuódòng jiǎnshǎole bǎifēnzhīliùshí.

> 例文 2：这个小区<u>垃圾</u>桶<u>减少</u>到四个后，每天垃圾<u>减少</u> 50 公斤。
> Zhè ge xiǎoqū lājītǒng jiǎnshǎodào sì ge hòu, měitiān lājī jiǎnshǎo wǔshí gōngjīn.

語　注

大撤离	「総撤退」「総撤去」
西单购物中心	（建物名）「西単ショッピングセンター」
光大银行	（会社名）「中国光大銀行」
悄然	「ひっそりと」
取现金	「現金を引き出す」
转账	「振替をする」
连～都…	「～でさえ…だ」⇒ p.47 解読の手がかり
扫码支付	「コード決済」。バーコードや二次元コードなどによる決済。
现金押运	「現金輸送」
不好过	「暮らしにくい」
后厨	「調理場」「キッチン」
线上	「オンラインで」
看得见	「見える」⇒ p.9 解読の手がかり
有条不紊	（四字成語）「整然としている」

一道道 菜肴 新鲜 出炉……。对 福州市 的 消费者
yí dàodào càiyáo xīnxiān chūlú ……. Duì Fúzhōushì de xiāofèizhě

来说， 这样 一目了然 的 后厨 场景， 不仅 能 在
láishuō, zhèyàng yímùliǎorán de hòuchú chǎngjǐng, bùjǐn néng zài

设有 玻璃墙 的 餐厅 后厨 见到， 还 能 在 线上
shèyǒu bōliqiáng de cāntīng hòuchú jiàndào, hái néng zài xiànshang

点餐 时 观看 直播。
diǎncān shí guānkàn zhíbō.

一 项 外卖平台 发布 的 数据 显示， 2016
Yí xiàng wàimàipíngtái fābù de shùjù xiǎnshì, èrlíngyīliù

年 到 2018 年， 在 福州市， 有 63% 以上
nián dào èrlíngyībā nián, zài Fúzhōushì, yǒu bǎifēnzhīliùshisān yǐshàng

的 消费者 每周 外卖消费 超过 三 次。 林欣 就是
de xiāofèizhě měizhōu wàimàixiāofèi chāoguò sān cì. Lín-Xīn jiùshì

这样 一 位 "重度 外卖消费者"， 由于 平时 工作
zhèyàng yí wèi "zhòngdù wàimàixiāofèizhě", yóuyú píngshí gōngzuò

繁忙， 她 常常 选择 网络订餐。 不过， 她 也 有
fánmáng, tā chángcháng xuǎnzé wǎngluòdìngcān. Búguò, tā yě yǒu

担忧："很多 外卖店 的 卫生状况 不 达标， 我
dānyōu: "Hěnduō wàimàidiàn de wèishēngzhuàngkuàng bù dábiāo, wǒ

也 有过 吃坏 肚子 的 情况。"
yě yǒuguo chīhuài dùzi de qíngkuàng."

2018 年 10 月 以后， 国家 的 《餐饮服务
Èrlíngyībā nián shí yuè yǐhòu, guójiā de «Cānyǐnfúwù

食品安全 操作规范》 开始 实施。 福州市 推出了
shípǐn'ānquán cāozuòguīfàn» kāishǐ shíshī. Fúzhōushì tuīchūle

线上 阳光厨房。 在 这 以后， 林欣 在 点餐 时，
xiànshang yángguāngchúfáng. Zài zhè yǐhòu, Lín-Xīn zài diǎncān shí,

都 开始 留意 商家 有 没有 开通 直播， 这样
dōu kāishǐ liúyì shāngjiā yǒu méiyǒu kāitōng zhíbō, zhèyàng

点餐 会 更 放心。
diǎncān huì gèng fàngxīn.

解読の手がかり

一道道：「1 つひとつ」「それぞれ」。量詞の重ね型は複数を表します。"道"は一定の順序で行う動作を数える量詞で、ここでは料理の種類を数えるのに使われています。

例文 1：这些小演员，一个个来头不小。
　　　　Zhèxiē xiǎoyǎnyuán, yí gègè láitóu bù xiǎo.

例文 2：一张张老照片叙述着昔日的故事。
　　　　Yì zhāngzhāng lǎozhàopiàn xùshùzhe xīrì de gùshi.

有过吃坏肚子的情况：「お腹を壊したことがある」。"过"は経験を表します。

例文 1：去过欧洲，但没去过南美洲。
　　　　Qùguo Ōuzhōu, dàn méi qùguo Nánměizhōu.

例文 2：你人生中做过的最大决定是什么？
　　　　Nǐ rénshēng zhōng zuòguo de zuìdà juédìng shì shénme?

語 注

福州市	（地名）「福州（ふくしゅう）市」。福建省の省都。
一目了然	（四字成語）「一目瞭然」
不仅~还…	「~だけでなく…だ」⇒ p.9 解読の手がかり
设有~	「~を設けてある」
点餐	「料理を注文する」
直播	「生放送する」「ライブ配信する」
项	項目などを数える量詞。
数据	「データ」
林欣	（人名）「林欣（りん・きん）」
重度外卖消费者	「出前のヘビーユーザー」
网络订餐	「ネットで出前をとる」
达标	「標準に達する」
吃坏肚子	「お腹を壊す」
	⇒ "吃坏" は p.3 解読の手がかり
《餐饮服务食品安全操作规范》	「飲食サービス食品安全操作規範」
阳光厨房	「オープンキッチン」
放心	「安心する」

━━●放大鏡●━━

市民生活が急速に便利になった中国ですが、まだまだ様々な不満もあります。2019 年のある日の人民日報「読者来信」欄から拾ってみましょう。

ケース 1：友達が「市民カード」の手続きをしようとしたが、自宅付近の農商銀行→村委員会→現地農商銀行本店→公共サービスセンター→本籍地の窓口→派出所とたらい回しにされた挙句、手続きできなかった。

ケース 2：歩道の改装工事をやっているのだが、施工時間を考えていない。また、工事後には煉瓦が散乱、さらに車道より低く、間に溝があって水が溜まる、ガードレールの設置箇所が不合理など、工事がいい加減。

ケース 3：水の自動販売機がそこかしこに設置され、便利なのだが、販売機がゴミにまみれていたり、錆びていたり、露天に放置されていたり、蛇口がむき出しだったり、水質がきちんと管理されているか心配だ。

ケース 4：団地内を自動車が猛スピードで行き来する。おかげで物品の破損や人身事故が絶えない。加えて、至る所に勝手に駐車をするので、それが原因の事故も多い。減速を示す標示や監視設備をしっかり設けるべきだ。

ケース 5：最近の公衆トイレの改善には見るべきものがあるが、設置箇所への方向表示が不親切、トイレまでの距離が不明、地図表示や所在番地名がない、などはもっと利用者の身になった配慮を。

ケース 6：母の高血圧の薬を買いに行った。最初の店「1 箱 20 元だ」、高い！　次の店「18 元だ。どこも同じ値段だよ！」、次の店「ない！」、次の店「12 元だ、ただし 1 回に 1 箱！」。1、2 カ月前は 1 箱 8 元だったのに。

ケース 6：シェア自転車は本当に便利だ。でも、勝手に駐輪し、勝手に放置し、捨てる。誰も回収しないから歩道や自転車道に山積みになり、通行を邪魔する。もちろん、街の景観も損なっている。

陳さんのつぶやき

私自身が体験したこぼれ話をもう 1 つ。上海で鳴り物入りの新しいゴミの捨て方を体験。母が暮らす団地では、毎日朝夕 2 回、毎回 2 時間、決まった場所でゴミを捨てます。4 つのゴミ箱の横に、役所派遣の監視員と住民のボランティアがいます▼分けるのは"湿垃圾"（生ゴミ）と"干垃圾"だけ。生ゴミは必ず袋からゴミ箱に移す。手を汚した人はその横に置いてあるバケツの水で手を洗う。夏だったので、生ゴミの周りに虫がブンブン。私もそのゴミ箱に触らないようおっかなびっくりゴミを袋から出しました。そして、その袋を隣のゴミ箱へ▼一般ゴミは回収できるものとできないものに分かれます。何が回収できるか何ができないか、1 つひとつ監視員かボランティアにチェックしてもらいながら捨てました。時間がかかるわ、かかるわ！▼ゴミをいっしょくたに捨てる時代も、不満がありましたが、今の捨て方も果たして続くか、心配。

中国资金挽救苦恼的日本中小企业

Zhōngguózījīn wǎnjiù kǔ'nǎo de Rìběnzhōngxiǎoqǐyè

中国企業はグローバル社会でどう生き延びるのか

新産業革命についていけず、ますます後進国になりつつある日本。過去の栄光とその産業構造にしがみついた末路が有名企業身売り続出という現状。

優れた技術を持ちながら、新ビジネスへの転用が遅れる日本企業に中国企業が触手。併呑か救済か、はたまた共栄への道か？

55

日本 的 **荻原 (Ogihara)**, 是 日本三大 **模具**企业
Rìběn de Díyuán (Ogihara), shì Rìběnsāndà mújùqǐyè

之一, 2010 年, 被 中国企业 **比亚迪 (BYD) 收购**。
zhīyī, èrlíngyīlíng nián, bèi Zhōngguóqǐyè Bǐyàdí (BYD) shōugòu.

如今, 比亚迪 已 是 中国 最大 的 **纯电动**
Rújīn, Bǐyàdí yǐ shì Zhōngguó zuìdà de chúndiàndòng-

汽车厂商, 荻原 的 技术 成为 对 比亚迪 的 最大
qìchēchǎngshāng, Díyuán de jìshù chéngwéi duì Bǐyàdí de zuìdà

支持。
zhīchí.

数据 显示, 2016 年 中国 模具 的 出口金额
Shùjù xiǎnshì, èrlíngyīliù nián Zhōngguó mújù de chūkǒujīn'é

为 45 亿 美元, 成为 世界 最大 的 模具
wéi sìshiwǔ yì Měiyuán, chéngwéi shìjiè zuìdà de mújù

出口国。规模 达到 日本 的 近 两 倍, **全球份额**
chūkǒuguó. Guīmó dádào Rìběn de jìn liǎng bèi, quánqiúfèn'é

达到 26%。
dádào bǎifēnzhī'èrshiliù.

新思考科技 成立于 1976 年, 曾 向 美国
Xīnsīkǎokējì chénglìyú yījiǔqīliù nián, céng xiàng Měiguó

苹果公司 供货。但是 受 苹果 中止 合约 的
Píngguǒgōngsī gōnghuò. Dànshì shòu Píngguǒ zhōngzhǐ héyuē de

影响, 于 2012 年 **申请 破产保护**。2013 年,
yǐngxiǎng, yú èrlíngyī'èr nián shēnqǐng pòchǎnbǎohù. Èrlíngyīsān nián,

公司 把 业务 转让给 中国 上海 的
gōngsī bǎ yèwù zhuǎnrànggěi Zhōngguó Shànghǎi de

零部件企业。公司 的 人 回忆 称, 当时 **找不到**
língbùjiànqǐyè. Gōngsī de rén huíyì chēng, dāngshí zhǎobudào

明确 的 **接班人**, "为了 防止 公司 倒闭, 中国
míngquè de jiēbānrén, "Wèile fángzhǐ gōngsī dǎobì, Zhōngguó

成为 **救命稻草**。" 现在, 该 公司 向 **小米** 等
chéngwéi jiùmìngdàocǎo." Xiànzài, gāi gōngsī xiàng Xiǎomǐ děng

中国智能手机 供货。2019 年 的 出货量 约 为
Zhōngguózhìnéngshǒujī gōnghuò. Èrlíngyījiǔ nián de chūhuòliàng yuē wéi

解読の手がかり

被中国企业比亚迪（BYD）收购：「中国企業の BYD に買収された」。"被" は
受身を表します。"被" の後の動作者は省略されることもあります。

例文1：很多废塑料被扔进海里。
　　　　Hěnduō fèisùliào bèi rēngjìn hǎili.

例文2：他早上刚被捕，下午就被批准保释。
　　　　Tā zǎoshang gāng bèi bǔ, xiàwǔ jiù bèi pīzhǔn bǎoshì.

出口金额为 45 亿美元：「輸出額は 45 億ドルである」。"为" は会話体の "是"
に相当します。特に統計の数字などの場合、よく "为" が使われます。

例文1：日本 7 月完全失业率为 2.2％。
　　　　Rìběn qī yuè wánquánshīyèlǜ wéi bǎifēnzhī'èrdiǎnr'èr.

例文2：中国一些城市的出生率已为负增长。
　　　　Zhōngguó yìxiē chéngshì de chūshēnglǜ yǐ wéi fùzēngzhǎng.

語　注

挽救	（タイトル注）「救い出す」「救いの手を差し伸べる」
荻原（Ogihara）	（会社名）「オギハラ」。金型の大手会社。
模具	「金型」
比亚迪（BYD）	（会社名）「比亜迪（BYD)」。電池メーカー、自動車メーカー。
收购	「買収する」
纯电动汽车	「バッテリー式電動自動車（BEV)」
厂商	「メーカー」
全球份额	「世界シェア」
新思考科技	（会社名）「新シコー科技株式会社（New Shicoh Technology)」。日本の小型モーターのメーカー。
苹果公司	（会社名）「アップル社」
申请破产保护	「会社更生法を申請する」
零部件	「部品」
找不到	「見つからない」⇒ p.9 解読の手がかり
接班人	「後継者」
救命稻草	（四字成語）「溺れる者がすがる藁」
小米	（会社名)「小米科技」「シャオミ」。スマートフォンメーカー。

两亿 个， 比 2018 年 增长了 **五 成**。
liǎngyì ge, bǐ èrlíngyībā nián zēngzhǎngle wǔ chéng.

中国资金 正在 流入 日本中小企业， 这些
Zhōngguózījīn zhèngzài liúrù Rìběnzhōngxiǎoqǐyè, zhèxiē

日本企业 为 接班人不足 和 销售低迷 而 苦恼。
Rìběnqǐyè wèi jiēbānrénbùzú hé xiāoshòudīmí ér kǔnǎo.

统计 显示， 中国企业 2018 年 **并购** 的 日本
Tǒngjì xiǎnshì, Zhōngguóqǐyè èrlíngyībā nián bìnggòu de Rìběn

未上市企业 为 25 件， 创出 新高。
wèishàngshìqǐyè wéi èrshíwǔ jiàn, chuàngchū xīn'gāo.

日本国内 有 人 指出， "日本大企业 往往
Rìběnguónèi yǒu rén zhǐchū, "Rìběndàqǐyè wǎngwǎng

忽略 这些 有 技术 但是 没有 接班人 的 小工厂"。
hūlüè zhèxiē yǒu jìshù dànshì méiyǒu jiēbānrén de xiǎogōngchǎng".

日本 的 地方银行 又 由于 利润 低， 不 愿 **贷款**。
Rìběn de dìfāngyínháng yòu yóuyú lìrùn dī, bú yuàn dàikuǎn.

而 中国 的 企业 就 **抓住**了 这 一 机会。
Ér Zhōngguó de qǐyè jiù zhuāzhùle zhè yì jīhuì.

中川威雄先生， 约 20 年 前 从
Zhōngchuān-Wēixióng xiānsheng, yuē èrshí nián qián cóng

东京大学 退休 后， 出任了 **鸿海** 的 特别顾问。
Dōngjīngdàxué tuìxiū hòu, chūrènle Hónghǎi de tèbiégùwèn.

当时， 他 就 在 鸿海 看到了 "全 都 是 最先进 的
Dāngshí, tā jiù zài Hónghǎi kàndàole "quán dōu shì zuìxiānjìn de

设备"， 表示 非常 惊讶。
shèbèi", biǎoshì fēicháng jīngyà.

十 年 的 时间 过去， 中日 的 力量对比 发生
Shí nián de shíjiān guòqù, Zhōng-Rì de lìliangduìbǐ fāshēng

逆转， 差距 正在 拉大， 这 已经 是 个 不争 的
nìzhuǎn, chājù zhèngzài lādà, zhè yǐjīng shì ge bùzhēng de

事实。
shìshí.

解読の手がかり

<u>为</u>～<u>而</u>…：「～のために…する」。

例文1：有了资金，就不用为创业而发愁了。

Yǒule zījīn, jiù búyòng wèi chuàngyè ér fāchóu le.

例文2：九月一日，为梦而来的年轻人走进大学校门。

Jiǔ yuè yī rì, wèi mèng ér lái de niánqīngrén zǒujìn dàxué xiàomén.

中日的力量对比<u>发生逆转</u>：「中日の力の差に逆転が起こった」。出現文です。〔場所＋出現を表す動詞＋出現する事物や人〕という語順になります。同じ語順で存在を表す存在文と併せて、存現文とも言います。

例文1：她脸上透露出一丝笑意。

Tā liǎnshang tòulùchū yì sī xiàoyì.

例文2：下大雨后，天空常会出现彩虹。

Xià dàyǔ hòu, tiānkōng cháng huì chūxiàn cǎihóng.

語　注

五成　　「5割」
并购　　「合併と買収（M&A）」
忽略　　「無視する」「関心がない」
贷款　　「融資する」「資金を貸し付ける」
抓住　　「摑む」⇒ p.3 解読の手がかり
中川威雄　（人名）「中川威雄（なかがわ・たけお）」。1938年〜。東京大学名誉教授、ファインテック（精密金型メーカー）代表取締役会長、鴻海精密工業特別顧問。
鴻海　　「鴻海精密工業」。台湾の電子機器メーカー。
力量对比　「力の差」
拉大　　「広がる」。よく“差距”と一緒に使われ、「差が広がっている」という意味になります。

近年、中国企業による日本企業の買収が目につきます。2004年、日本の老舗工作機械メーカー池貝が上海電気集団に、2010年、金型のオギハラがBYDに買収され、衝撃が走りました。相前後してゴルフクラブの名門、本間ゴルフが中国資本に買収され、さらにラオックスが蘇寧電器に、三洋電機のメキシコTV工場がTCLに、テレビ事業部門が長虹グループに、追い打ちをかけるように経営不振に陥った東芝のテレビ事業や照明事業が中国企業に売却されました。また、2012年にソニー・東芝・日立製作所のディスプレイ事業を統合して設立されたジャパンディスプレイも経営不振が続き、中国資本の参入が取沙汰されています。

こうした大企業以外でも、個別の分野で優れた技術を持っている多くの中小企業が中国企業に買収されています。後継者不足、産業構造の転換への対応の遅れなどで経営が傾いたり、大企業の下請けに対する苛烈なコスト削減要求や系列外しなどで苦境に立たされている企業が少なくなく、こういった企業をリストアップし、これを救済しつつ技術を吸収しようという動きが活発になっているのです。

M&Aに関するしっかりしたノウハウがなかった当初は外国企業買収は多くが失敗してしまいました。90年代に買収された赤井電機や山水電気はすでにその名が消え、音響メーカーのパイオニアはとうとう香港ファンドに完全子会社化されてしまいましたし、ハイアールに買収されて「アクア」ブランドを展開している三洋電機、山東如意科技集団に頼ったレナウンも成果はいま一つ。その一方で、日本企業に対する効果的なガバナンスをよく理解した中国企業による買収、例えば、美的集団の東芝白物家電事業の買収、鴻海企業集団のシャープ買収などは成功例と言えましょう。

陳さんのつぶやき

好物のスイカは中国で思う存分食べられます。今でも野菜以下の値段で売られています。かつて70年代、80年代の上海ではスイカが配給制でした。配給制はふつう、買う量を制限するための手段ですが、スイカの場合は真逆でした。1世帯は1回の配給で必ず40〜50キロを買わなければなりませんでした▼スイカは超の字がつくほどの安い果物という印象をもって日本にやってきた私がスイカの値段に目を白黒させました。スイカに高級なものもあるとは信じられませんでした▼スイカを半分に切ってひとり占めで食べるものだと中国人は思っています（ここだけ、中国人を代表して言う自信があります）。日本では、小玉のスイカを4つに切り分けて食べると、もう十分嬉しい！▼夏、上海に帰る前に、母から何を食べたいと聞かれると、今でも迷わず、「スイカ」と答えます。ただの瓜です、スイカは！

北京为什么治不好飞絮？

春の北京に舞う柳絮

豊かな生態環境を「金山銀山」に喩え、その優位性を活用して貧困解消を目論む習近平総書記。

全土で進める緑化も徐々にその効果が表れ、当面の最大のテーマは汚染の解消と水問題。排出権売買など、環境経済の育成にも拍車がかかります。

"杨树 在 北京 真是 多得 不得了……漂亮 的
"Yángshù zài Běijīng zhēnshì duōde bùdéliǎo……piàoliang de

树冠，肥硕油绿 的 树叶子，迎风 哗哗 作响，
shùguān, féishuòyóulǜ de shùyèzi, yíngfēng huāhuā zuòxiǎng,

雨中 亦 闪闪 发亮。"
yǔzhōng yì shǎnshǎn fāliàng."

北京 白杨树 都 是 上世纪 70 年代 种植 的。
Běijīng báiyángshù dōu shì shàngshìjì qīshí niándài zhòngzhí de.

跟 现在 躲 雾霾 不 一样，40 年 前 的 北京 最
Gēn xiànzài duǒ wùmái bù yíyàng, sìshí nián qián de Běijīng zuì

怕 刮风。沙尘暴 袭来，首都 上空 一 片 灰黄，
pà guāfēng. Shāchénbào xílái, shǒudū shàngkōng yí piàn huīhuáng,

白昼 如同 黄昏。联合国环境规划署 甚至 宣布：
báizhòu rútóng huánghūn. Liánhéguóhuánjìngguīhuàshǔ shènzhì xuānbù:

北京 是 "世界沙漠化 边缘城市"。
Běijīng shì "shìjièshāmòhuà biānyuánchéngshì".

唯一 的 解决办法 就是 植树。选择 杨柳树，是
Wéiyī de jiějuébànfǎ jiùshì zhíshù. Xuǎnzé yángliǔshù, shì

因为 它 适应性 强，不 怕 冷，不 怕 干旱，不
yīnwèi tā shìyìngxìng qiáng, bú pà lěng, bú pà gānhàn, bù

需要 精心 照顾，生长 却 很 快。这些 枝叶
xūyào jīngxīn zhàogù, shēngzhǎng què hěn kuài. Zhèxiē zhīyè

繁茂 的 杨柳树 为 北京 阻挡 风沙，成效 斐然。
fánmào de yángliǔshù wèi Běijīng zǔdǎng fēngshā, chéngxiào fěirán.

北京地区 的 平均 沙尘天数，从 50 年代 的 26
Běijīngdìqū de píngjūn shāchéntiānshù, cóng wǔshí niándài de èrshiliù

天，下降到 近 几 年 的 三 天 左右。
tiān, xiàjiàngdào jìn jǐ nián de sān tiān zuǒyòu.

但是，杨柳树 带来了 严重 的 飞絮问题。每
Dànshì, yángliǔshù dàiláile yánzhòng de fēixùwèntí. Měi

到 4 月，只要 连续 三 天，最高气温 超过 25
dào sì yuè, zhǐyào liánxù sān tiān, zuìgāoqìwēn chāoguò èrshiwǔ

℃，杨絮柳絮 就 开始 漫天飞舞，这 种 状态
shèshìdù, yángxùliǔxù jiù kāishǐ màntiānfēiwǔ, zhè zhǒng zhuàngtài

解読の手がかり

多得不得了：「ものすごく多い」。形容詞＋状態補語の形です。［形容詞＋“得”］
の後に、その形容詞がどの程度であるかを説明する表現を置くものです。

> 例文1：航母大得就像一座小岛。
> Hángmǔ dàde jiù xiàng yí zuò xiǎodǎo.

> 例文2：这条隧道长得看不见出口。
> Zhè tiáo suìdào chángde kànbujiàn chūkǒu.

～甚至宣布…：「～は…とまで宣言した」。“甚至”は極端な事例を挙げるもの
です。漢文調に読み下せば「甚だしきに至っては」ですが、それではあま
りに硬すぎるので、文意に合わせてうまく意訳しましょう。

> 例文1：博士生毕业，甚至也找不到正式的理想工作。
> Bóshìshēng bìyè, shènzhì yě zhǎobudào zhèngshì de lǐxiǎng gōngzuò.

> 例文2：房间里吵闹声很大，甚至在走廊也能听见。
> Fángjiān li chǎonàoshēng hěn dà, shènzhì zài zǒuláng yě néng tīngjiàn.

語　注

治不好	（タイトル注）「治らない」⇒ p.9 解読の手がかり
飞絮	（タイトル注）「空に舞う綿毛」
树冠	「樹冠」。樹木で葉の茂っている部分。
肥硕油绿	「ふっくらと緑艶やか」
哗哗	（擬声語）「さらさら」。雨や葉擦れを形容する音。
躲	「避ける」「～から身を守る」
雾霾	「スモッグ」。ここでは PM2.5 のことを指します。
怕～	「～を恐れる」「～を心配する」
沙尘暴	「砂嵐」
一片	「一面」。空や地面など広がりのあるものに使います。
如同～	「～のようだ」
联合国环境规划署	「国際連合環境計画（UNEP）」
干旱	「日照り」
成效斐然	「効果が著しい」
下降到～	「～まで下がる」cf. p.51 解読の手がかり
带来	「もたらす」⇒ p.3 解読の手がかり
每到～	「～が来るたびに」
只要～就…	「～しさえすれば…する」

要 持续 40 天 左右。 飞絮 导致 皮肤过敏, 刺激
yào chíxù sìshí tiān zuǒyòu. Fēixù dǎozhì pífūguòmǐn, cìjī

哮喘、 慢性支气管炎 等, 还 影响 交通安全,
xiàochuǎn、 mànxìngzhīqìguǎnyán děng, hái yǐngxiǎng jiāotōng'ānquán,

甚至 引发 火灾。
shènzhì yǐnfā huǒzāi.

　　有 人 说, "出门 走 两 步, 感觉 就 被 飞絮
Yǒu rén shuō, "Chūmén zǒu liǎng bù, gǎnjué jiù bèi fēixù

埋 了。" 在 眨眼、 呼吸、 说话 之间, 只有 五 毫米
mái le." Zài zhǎyǎn、 hūxī、 shuōhuà zhījiān, zhǐyǒu wǔ háomǐ

的 绒毛 都 有 可能 钻进 五官。
de róngmáo dōu yǒu kěnéng zuānjìn wǔguān.

　　2015 年, 北京市区 的 杨柳树 超过 200万
Èrlíngyīwǔ nián, Běijīngshìqū de yángliǔshù chāoguò liǎngbǎiwàn

株, 既 不可能 全面 实施 药剂抑花, 也 不可能
zhū, jì bùkěnéng quánmiàn shíshī yàojìyìhuā, yě bùkěnéng

用 砍 的 办法 来 解决 问题。 更 重要 的 是,
yòng kǎn de bànfǎ lái jiějué wèntí. Gèng zhòngyào de shì,

生态环境 一旦 形成, 过多 的 人工干预 又 会
shēngtàihuánjìng yídàn xíngchéng, guòduō de réngōnggānyù yòu huì

引发 别 的 问题。
yǐnfā bié de wèntí.

　　但 植物学家 杨斧 觉得, 北京 的 飞絮 被
Dàn zhíwùxuéjiā Yáng-Fǔ juéde, Běijīng de fēixù bèi

过度 关注 了, 蒲公英 等 都 是 靠 飞絮 来 传播
guòdù guānzhù le, púgōngyīng děng dōu shì kào fēixù lái chuánbō

种子, 只不过 南方 雨水 比较 多, 绒毛 遇到 雨
zhǒngzi, zhǐbuguò nánfāng yǔshuǐ bǐjiào duō, róngmáo yùdào yǔ

就 飞不起来了 而已。
jiù fēibuqǐlaile éryǐ.

　　如何 与 自然 共存, 这 是 一 个 人类史 开始
Rúhé yǔ zìrán gòngcún, zhè shì yí ge rénlèishǐ kāishǐ

以来 就 有 的 问题。
yǐlái jiù yǒu de wèntí.

解読の手がかり

既～也…：「～でもあり…でもある」。"既～又…""既～还…"とも言います。
"既"を「すでに」と訳さないようにしましょう。

例文1：老师既是良师也是益友。
Lǎoshī jìshì liángshī yěshì yìyǒu.

例文2：私营加油站既便宜还免费洗车。
Sīyíngjiāyóuzhàn jì piányi hái miǎnfèi xǐchē.

只不过～而已：「ただ～にすぎない」。"只不过～"と"～而已"はそれぞれ単
独でも「～にすぎない」という意味ですが、セットで使われると係る範囲
がはっきりわかります。

例文1：恋爱只不过是人生经历之一而已。
Liàn'ài zhǐbuguò shì rénshēngjīnglì zhīyī éryǐ.

例文2：教科书上都有，只不过你没注意而已。
Jiàokēshū shang dōu yǒu, zhǐbuguò nǐ méi zhùyì éryǐ.

語　注

导致	「起こす」。多くはよくない結果について使います。
皮肤过敏、哮喘、慢性支气管炎	「皮膚アレルギー、喘息、慢性気管支炎」
走两步	「少し歩く」。"两"は「2」に限りません。
眨眼	「目をしばたたく」
毫米	「ミリメートル」
绒毛	「綿毛」
钻进～	「～に入り込む」⇒ p.3 解読の手がかり
株	樹木や草を数える量詞。
用砍的办法来解决	「切るという方法で解決する」⇒ p.77 解読の手がかり
杨斧	（人名）「楊斧（よう・ふ）」。科学知識の普及に取り組んでいる植物学者。
蒲公英	「タンポポ」
传播	「散布する」「飛ばす」
飞不起来	「飛べない」⇒ p.9 解読の手がかり
如何	「どのように」。会話体の"怎么样"に相当します。
就	「すでに」「もう」

　2019年4月初旬、北京に行きましたが、ふわりふわりと舞う柳絮の姿は相変わらず。風情と言えば風情ですが、多すぎれば公害にもなります。

　この柳絮、もとはと言えば砂漠化による砂嵐を防ぐ植林と関係しています。そう、中国では水不足と水汚染が国民生活や経済発展にとって常にアキレス腱となっています。そこで政府は2016年に〈水利改革発展“十三五”プラン〉を発表し、水使用総量は6700億m³以内に抑制する、重要河川湖沼機能区水質基準達成率を80％以上に引き上げる、田畑灌漑水有効利用係数は0.55以上に、農村の水道普及率は80％以上に、水供給能力の新規増70億m³を達成する、など、洪水灌漑対策・節水・給水・水生態環境保護・水利改革管理等に関する16の指標を掲げました。中でも水使用総量の抑制は最重要テーマであり、同年は6040.2億m³と、前年比で63億m³減少させました（地表水81.3％、地下水17.5％、その他1.2％）。

　水問題で近年最も特徴的な対策といえば河長制でしょう。浙江省紹興市では2013年に河長制管理実施方案を策定、2015年には水質が明らかに改善され、2017年になると、地級市である同市内47市の70％以上の水質が3級以上に改善されました。こうした先駆的な成果をもとに、2016年12月、政府は〈河長制全面推進に関する意見〉を打ち出しました。上流下流、左岸右岸が連携し、1本の川で1つのプラン、1つの湖で1つのプランとし、省・市・県・郷の4段階河長制を採用、各一級行政区に総河長を置き、県レベル以上の河長には弁公室を設けるよう指示しています。さらにその任務として、水源の保護、河岸湖岸の管理、水質汚染の防止、水環境対策などを挙げ、また、取り締まりの具体的な事例として、水面湖面の占拠、排出汚染、違法な土砂の採掘、電気ショック漁法などを挙げています。

陳さんのつぶやき

　ある日、生協配達のお兄ちゃんに、配達用のビニール袋を使いすぎと口にしました。それを聞いた娘から、何で配達の方にこう言うのか、彼の責任ではないのにと言われました。▼スーパーのレジでバイトをしたことのある娘から見れば、私の言葉はとても理不尽なものです。しかし、私から見れば、配達のお兄ちゃんは生協の方です。私は生協に意見を言っているだけ▼願望や希望を口に出すやり方、難しい言い方でいえば、合意形成を作るための訓練が全く足りていない自分を痛感する事例はほかにもたくさんあります。合意形成は折合うプロセスでもありますよね。1つの意見を言うなら、相手の意見も聞かなければならないはずですが、相手の言い分を聞いて「一方的に負ける」という思いは自分のどこかにあることは否定できません。反省を込めてこういう立派そうな言葉をここに並べています。

中国进入全民健身时代

Zhōngguó jìnrù quánmínjiànshēnshídài

美の基準は時の流れとともに移り変わる

　　経済発展一点張りの成長から人に優しい "以人为本" による調和のとれた発展を目指した前胡錦濤政権。

　　これを承けた習近平政権が目指すのは、健康で文化的な生活を実現するスマートシティの建設。医学では未病の研究が、巷では健康志向の様々な活動が展開中。

"富态"，在 三、四十 年 前，可能 还 是 个
"Fùtài", zài sān、sìshí nián qián, kěnéng hái shì ge

褒义词，说明 有福气。一 个 人 要是 太 瘦，则
bāoyìcí, shuōmíng yǒu fúqì. Yí ge rén yàoshi tài shòu, zé

会 被 人 说 是 骨瘦如柴。
huì bèi rén shuō shì gǔshòurúchái.

进入 21 世纪 以后，很多 职业女性 认为
Jìnrù èrshiyī shìjì yǐhòu, hěnduō zhíyènǚxìng rènwéi

"瘦弱、苗条" 才 是 理想 的 身材，并 选择 通过
"shòuruò、miáotiáo" cái shì lǐxiǎng de shēncái, bìng xuǎnzé tōngguò

节食 减肥。但是 这 种 减肥，表面 上 是 瘦
jiéshí jiǎnféi. Dànshì zhè zhǒng jiǎnféi, biǎomiàn shang shì shòu

了，其实 对 健康 并 没有 任何 好处。
le, qíshí duì jiànkāng bìng méiyǒu rènhé hǎochù.

这 几 年，出现了 对 健美体形 的 追求。26 岁
Zhè jǐ nián, chūxiànle duì jiànměitǐxíng de zhuīqiú. Èrshiliù suì

的 唐女士，身材 强健，腹肌 明显，皮肤 黝黑，
de Táng nǚshì, shēncái qiángjiàn, fùjī míngxiǎn, pífū yǒuhēi,

这些 都 不 符合 中国人 对 女性 的 传统审美观。
zhèxiē dōu bù fúhé Zhōngguórén duì nǚxìng de chuántǒngshěnměiguān.

她 说，周围人 刚 开始 很 难 接受 她 的 转变，
Tā shuō, zhōuwéirén gāng kāishǐ hěn nán jiēshòu tā de zhuǎnbiàn,

"我 奶奶 起初 完全 不 理解，为什么 我 想 变得
"Wǒ nǎinai qǐchū wánquán bù lǐjiě, wèishénme wǒ xiǎng biànde

这么 壮。"但是，现在 很多 人 都 羡慕 她，说
zhème zhuàng." Dànshì, xiànzài hěnduō rén dōu xiànmù tā, shuō

"我 也 想 变得 像 你一样。"
"Wǒ yě xiǎng biànde xiàng nǐ yíyàng."

健身房教练 杨磊 说，在 他 出生 的 80
Jiànshēnfángjiàoliàn Yáng-Lěi shuō, zài tā chūshēng de bāshí

年代，几乎 没 人 想到 这 也 能 成为 职业，
niándài, jīhū méi rén xiǎngdào zhè yě néng chéngwéi zhíyè,

解読の手がかり

要是～则…：「もし～なら…だ」。仮定を表します。会話体の"要是～就…"に相当します。

例文1：要是这个考试关系到学分，则要好好准备一下。
Yàoshi zhè ge kǎoshì guānxidào xuéfēn, zé yào hǎohǎo zhǔnbèi yíxià.

例文2：要是现在错过这个机会，以后也许就会后悔。
Yàoshi xiànzài cuòguò zhè ge jīhuì, yǐhòu yěxǔ jiù huì hòuhuǐ.

像你一样：「あなたのように」。

例文1：人生应该像画卷一样，五颜六色。
Rénshēng yīnggāi xiàng huàjuàn yíyàng, wǔyánliùsè.

例文2：华为的标记像一个被切开的苹果一样。
Huáwéi de biāojì xiàng yí ge bèi qiēkāi de píngguǒ yíyàng.

語　注

富态	「恰幅がいい」
褒义词	「褒め言葉」
有福气	「幸せそうだ」「福々しい」
骨瘦如柴	（四字成語）「枯れ枝のように痩せている」
苗条	「スリムである」
～才是…	「～こそ…である」
任何	「いかなる」
唐女士	（人名）「唐（とう）さん」
腹肌	「腹筋」
黝黑	「日焼けして黒い」
刚～	「～したばかり」
变得～	「～になる」⇒ p.11 解読の手がかり
壮	「たくましい」
健身房	「フィットネスクラブ」「スポーツジム」
杨磊	（人名）「楊磊（よう・らい）」

但是，今天，**报考** 体育大学、成为 一 名 健身教练，
dànshì, jīntiān, bàokǎo tǐyùdàxué、 chéngwéi yì míng jiànshēnjiàoliàn,

已经 是 很 自然 的 选择。
yǐjīng shì hěn zìrán de xuǎnzé.

尽管如此，业内人士 认为， 中国 的 健身
Jǐnguǎnrúcǐ, yènèirénshì rènwéi, Zhōngguó de jiànshēn-

热潮高峰 远远 没有 到来。 现在， 中国
rècháogāofēng yuǎnyuǎn méiyǒu dàolái. Xiànzài, Zhōngguó

一二线城市 只有 约 5% 的 人 去 健身房，
yī'èrxiànchéngshì zhǐyǒu yuē bǎifēnzhīwǔ de rén qù jiànshēnfáng,

全国 其他地区 最多 也 只有 百分之一。
quánguó qítādìqū zuìduō yě zhǐyǒu bǎifēnzhīyī.

2019 年 6 月底， 国务院 发表了 《关于 实施
Èrlíngyījiǔ nián liù yuèdǐ, Guówùyuàn fābiǎole «Guānyú shíshī

健康中国行动 的 意见》， 明确 要求， "建立
jiànkāngZhōngguóxíngdòng de yìjiàn», míngquè yāoqiú, "jiànlì

健全健康 教育体系"， "实施 全民健身行动"，
jiànquánjiànkāng jiàoyùtǐxì", "shíshī quánmínjiànshēnxíngdòng",

"努力打造 百姓身边 健身组织 和 '15 分钟
"nǔlìdǎzào bǎixìngshēnbiān jiànshēnzǔzhī hé 'shíwǔ fēnzhōng

健身圈'"。
jiànshēnquān'".

有 五千 年 **养生之道** 的 中国， 以 运动方式
Yǒu wǔqiān nián yǎngshēngzhīdào de Zhōngguó, yǐ yùndòngfāngshì

追求 健康， 大概 是 史上 **第一 次**。 到 2025
zhuīqiú jiànkāng, dàgài shì shǐshàng dìyī cì. Dào èrlíng'èrwǔ

年， 预计 会 有 五亿 人 积极参与 体育运动，
nián, yùjì huì yǒu wǔyì rén jījícānyù tǐyùyùndòng,

健身产业 也 将 成为 未来 中国经济 增长 的
jiànshēnchǎnyè yě jiāng chéngwéi wèilái Zhōngguójīngjì zēngzhǎng de

新亮点。
xīnliàngdiǎn.

解読の手がかり

<u>以</u>运动方式追求健康：「運動という形で健康を追求する」。"以"には後を受ける用法と前を受ける用法があります。こちらは後を受ける用法で"以～"は「～でもって」と方法や基準を示します。いっぽう、"…以～"「…して～する」は前を受ける用法です。

例文1：中国男篮以 70–55 击败科特迪瓦。

　　　Zhōngguónánlán yǐ qīshí bǐ wǔshiwǔ jībài Kētèdíwǎ.

例文2：机票分含餐和不含餐，以供旅客选择。

　　　Jīpiào fēn háncān hé bùháncān, yǐ gōng lǚkè xuǎnzé.

<u>将</u>成为～的新亮点：「～の新たな特色となるだろう」。"将"はこれから起こることを表します。

例文1：新的最低工资标准，谁将受益？

　　　Xīn de zuìdīgōngzībiāozhǔn, shéi jiāng shòuyì?

例文2：随着人工智能的发展，机械将取代人力。

　　　Suízhe réngōngzhìnéng de fāzhǎn, jīxiè jiāng qǔdài rénlì.

語　注

报考	「受験する」
尽管如此	「そうであっても」「とは言うものの」
一二线城市	「一、二級都市」。現在一級都市は北京・上海・広州・深圳。二級都市はそれにつぐ発展の可能性が高い都市。
《关于实施健康中国行动的意见》	「健康中国キャンペーン実施に関する意見」。中国政府が 2019 年 7 月 16 日に発表。
15分钟健身圈	「15 分フィットネス圈」
养生之道	「養生の道」
第一次	「初めて」
亮点	「特色」「セールスポイント」

　2008 年の北京オリンピックを契機に、見るスポーツからやるスポーツ
への大きな変化が急速に進んだ中国。今ではスポーツの持つ様々な側面、
すなわち、大衆健康スポーツ、青少年スポーツ育成といった側面、さらに
スポーツ産業の発展という経済的側面が大いに注目され始めています。

　こうした動きの次なる起爆剤となったのが、2015 年に北京市が張家口
市と組んで招致に成功した 2022 年の冬季オリンピック。これを承けて、
2016 年 1 月にウルムチで開催された第 13 回全国冬季体育大会は全国各地
から参加者が増え、氷雪スポーツが北から南へと急速に広がった大会とな
りました。競技種目も 40 種目から 97 種目と倍以上に増え、スポンサー企
業は 50 社を超えました。中国は IOC に対し、氷雪スポーツ競技人口 3 億
人達成を公約しています。

　その実現のために必要なのが、長期的な視野に立った発展にとって不可
欠な、優れた指導者の育成と学校カリキュラムへの積極的な導入で、その
後発表された〈氷雪運動発展プラン 2016-2025〉では、2020 年には全国小
中学校スキースケート重点校を 2000 校に増やし、5000 名の関連教師を育
成する、という目標が掲げられました。

　一方、これらの振興に欠かせないのが施設の充実で、2018 年末、全国
のスキー場の数は 869 カ所、そのうち、大型スキー場は 11 カ所、中型ロー
プウェイ付スキー場は 113 カ所にすぎず、小型スキー場が 583 カ所と圧倒
的多数を占め、室内スキー場に至ってはまだ 19 カ所にすぎませんでした。
ただ、逆を言えば、急増する競技人口を前に今後の急成長が見込まれる産
業分野であり、〈全国スキースケート場施設建設プラン 2016-2022〉に基
づいて、今後急ピッチでその拡充が図られていくことでしょう。

🧑 陳さんのつぶやき

"肚子要硬得像铁板一样（お腹を鉄板のように固くして）"という指示を初めて耳にし
たとき、噴き出してヨガのマットに倒れました。マッチョな体つきの妹が勧めてくれ
た運動のための app を iPad に入れて、やっています▼フリーランスの私には健康管
理が欠かせないものです。授業にしても通訳にしても 1 人でやっているからです。自
分にとって健康が唯一の頼りと言ってもいいくらいです。自分の力で自分の体を修理
し維持していくのがこれからも使命です▼ところで、運動で健康を保つ以外の理由が
もう 1 つあります。それは、過去に買った高価な服（私の収入から見れば）が着られ
るためです。もう十分着たから捨ててもいいかもしれませんが、自分で稼いだお金で
買ったものを捨てるのは冥利が悪くできません▼今日も、お腹を鉄板のように固くし
て腹筋運動に励みます。

内蒙古有个网红女孩

Nèiměnggǔ yǒu ge wǎnghóngnǚháir

飾らない言葉で内モンゴルの生
活を紹介（左）
母親お手製の"手把肉"はネッ
トでも大人気（下）

急速な経済発展の中で取り残されがち
だった少数民族居住地域にも、ネットを通
して近代化の波が押し寄せてきています。
　教育・医療・福祉の向上、社会保障の充
実が図られる中、少数民族固有の伝統や風
習をどう守っていくか、自主性をどう尊重
するかが問われています。

网络主播 乌音嘎，出生在 一 个 普通牧民家庭。
Wǎngluòzhǔbō Wūyīn'gǎ, chūshēngzài yí ge pǔtōngmùmínjiātíng.

大学 毕业 后，她 做了 一 个 让 父母 很 诧异 的
Dàxué bìyè hòu, tā zuòle yí ge ràng fùmǔ hěn chàyì de

决定：回到 家乡，做 一 名 网络主播。
juédìng: huídào jiāxiāng, zuò yì míng wǎngluòzhǔbō.

"我 到了 我们 大会场 了，扎了 好多 蒙古包，
"Wǒ dàole wǒmen dàhuìchǎng le, zhāle hǎoduō Měnggǔbāo,

大的 小的 都 有，中间 这 个 是 主场，草坪
dàde xiǎode dōu yǒu, zhōngjiān zhè ge shì zhǔchǎng, cǎopíng

布置得 也 非常 好。……"这 是 乌音嘎 为 大家
bùzhìde yě fēicháng hǎo. ……" Zhè shì Wūyīn'gǎ wèi dàjiā

介绍 白马文化节 开幕式。视频 中，乌音嘎 用 她
jièshào Báimǎwénhuàjié kāimùshì. Shìpín zhōng, Wūyīn'gǎ yòng tā

最 朴实 的 语言 和 最 真实 的 镜头，向 大家
zuì pǔshí de yǔyán hé zuì zhēnshí de jìngtóu, xiàng dàjiā

介绍着 白马文化节 开幕式 的 情况。
jièshàozhe Báimǎwénhuàjié kāimùshì de qíngkuàng.

坚定地 要 做 网络主播，是 因为 一 次 旅行。
Jiāndìngde yào zuò wǎngluòzhǔbō, shì yīnwèi yí cì lǚxíng.

外省人 聊起 内蒙古，不是 大草原，就是 蒙古包，
Wàishěngrén liáoqǐ Nèiměnggǔ, búshì dàcǎoyuán, jiùshì Měnggǔbāo,

出门 都 骑马……。而 视频《洗 衣服》中，有
chūmén dōu qímǎ ……. Ér shìpín «Xǐ yīfu» zhōng, yǒu

手动 接 水、粗管 送 水、半自动 洗衣机，还有
shǒudòng jiē shuǐ、cūguǎn sòng shuǐ、bànzìdòng xǐyījī, háiyǒu

山羊羔，展现了 牧区 简单 而 又 舒适 的 生活。
shānyánggāo, zhǎnxiànle mùqū jiǎndān ér yòu shūshì de shēnghuó.

乌音嘎 和 她 的 团队 创作了 251 条
Wūyīn'gǎ hé tā de tuánduì chuàngzuòle èrbǎiwǔshíyī tiáo

《草原印象》视频，被 播放 和 传播 上亿 次，粉丝
«Cǎoyuányìnxiàng» shìpín, bèi bōfàng hé chuánbō shàngyì cì, fěnsī

解読の手がかり

<u>一个让父母很诧异的决定</u>：「両親を不思議がらせる決心」。名詞の前に修飾語を伴う場合、その名詞の数量に関わる語句は先頭に置かれます。日本語と違って数が1でもわざわざ言います。なお、日本語に訳すときは数量に関わる語句は被修飾語の直前に置くほうが自然です。

例文1：我喝了一杯刚冲好的咖啡。
　　　　Wǒ hēle yì bēi gāng chōnghǎo de kāfēi.
例文2：在机场，碰到一群大声嚷嚷的游客。
　　　　Zài jīchǎng, pèngdào yì qún dàshēngrāngrang de yóukè.

<u>不是大草原，就是蒙古包</u>：「大草原でなければゲル（パオ）だ」。"不是～就是…"は二者択一を表します。

例文1：手机不是在包里，就是在桌上。
　　　　Shǒujī búshì zài bāoli, jiùshì zài zhuōshang.
例文2：台风季节，不是刮风，就是下雨。
　　　　Táifēngjìjié, búshì guāfēng, jiùshì xiàyǔ.

語　注

内蒙古	（タイトル注）「内モンゴル自治区」
网红	（タイトル注）「ネットアイドル」「人気ユーチューバー」
网络主播	「動画クリエーター」「ユーチューバー」
乌音嘎	（人名）「乌音嘎（ウーインガー）」
诧异	「不思議がる」「いぶかしむ」
扎蒙古包	「ゲルを組み立てる」
好多	「数多くの」「とてもたくさんの」
白马文化节	「白馬文化祭り」
视频	「動画」
外省人	「ほかの省の人」
聊起～	「～の話になると」⇒ p.3 解読の手がかり
手动接水	「手動で水を足すこと」
粗管送水	「太いパイプで水を送ること」
山羊羔	「子ヤギ」
传播	「（ネットで）拡散される」
粉丝	「ファン」「フォロワー」。英語の fans の音訳。

50多万。"点击量 最 多 的 是 美食，介绍 手把肉
wǔshíduōwàn. "Diǎnjīliàng zuì duō de shì měishí, jièshào shǒubǎròu

的 那 期 视频，单条 点击量 就 100多万。"乌音嘎
de nà qī shìpín, dāntiáo diǎnjīliàng jiù yìbǎiduōwàn." Wūyīn'gǎ

说，她 就 想 用 这 种 方式，通过 自己，让
shuō, tā jiù xiǎng yòng zhè zhǒng fāngshì, tōngguò zìjǐ, ràng

更 多 的 人 了解 内蒙古，了解 草原 的 文化。
gèng duō de rén liǎojiě Nèiménggǔ, liǎojiě cǎoyuán de wénhuà.

从 开始 的 默默无闻，到 越来越 被 外界
Cóng kāishǐ de mòmòwúwén, dào yuèláiyuè bèi wàijiè

认可，乌音嘎 获得 越来越 多 的 人 喜欢 和 关注。
rènkě, Wūyīn'gǎ huòdé yuèláiyuè duō de rén xǐhuan hé guānzhù.

2018 年 8 月，乌音嘎 获得 "2018乡村网红"
Èrlíngyībā nián bā yuè, Wūyīn'gǎ huòdé "Èrlíngyībāxiāngcūnwǎnghóng"

称号。
chēnghào.

乌音嘎 和 她 的 团队 打算 用 五 年 时间，
Wūyīn'gǎ hé tā de tuánduì dǎsuàn yòng wǔ nián shíjiān,

来 展现 整个 内蒙古 的 壮美 景色，还 有
lái zhǎnxiàn zhěnggè Nèiménggǔ de zhuàngměi jǐngsè, hái yǒu

人文文化，让 更 多 人 足不出户，就 能 了解到
rénwénwénhuà, ràng gèng duō rén zúbùchūhù, jiù néng liǎojiědào

草原 最 真实 的 面貌。
cǎoyuán zuì zhēnshí de miànmào.

乌音嘎，草原深处 灵动 的 "小百灵"，正
Wūyīn'gǎ, cǎoyuánshēnchù língdòng de "xiǎobǎilíng", zhèng

用 她 的 淳朴 和 善良，向 世人 演绎着 草原
yòng tā de chúnpǔ hé shànliáng, xiàng shìrén yǎnyìzhe cǎoyuán

女孩 心中 最 美 的 "旋律"。
nǚhái xīnzhōng zuì měi de "xuánlǜ".

解読の手がかり

单条点击量就 100 **多万**：「たった 1 本でクリック数が 100 万余りになった」。
"就" の前に "单条"「1 本で」や "仅"「わずかに」のように数量が少ない
という表現を置くと、"～就…" で「～だけでもう…だ」の意味を表します。

例文 1：仅一个月，业绩就增长了 10%。
Jǐn yí ge yuè, yèjì jiù zēngzhǎngle bǎifēnzhīshí.

例文 2：开园只三天，入场人数就创纪录。
Kāiyuán zhǐ sān tiān, rùchǎngrénshù jiù chuàng jìlù.

用五年时间，来展现～：「5 年の時間をかけて～を見せる」。"来" は ［V₁ 来
V₂］ の形で 2 つの動詞をつなぐ働きをします。V₁ が介詞化した場合も同様
です。

例文 1：要用网络来下载软件。
Yào yòng wǎngluò lái xiàzài ruǎnjiàn.

例文 2：如何用反常识思维来解决问题？
Rúhé yòng fǎnchángshísīwéi lái jiějué wèntí?

語　注

点击量	「クリック数」
手把肉	「羊の骨付き背肉の塩煮」
单条	「1 本だけで」。"条" は項目に分かれるものを数える量詞。
默默无闻	(四字成語)「誰にも知られていない」
足不出户	(四字成語)「家から出ることなしに」
灵动	「生き生きしている」
小百灵	「コウテンシ」。ヒバリ科の小鳥。
演绎	「表現する」「展開する」

　どんな辺鄙な地方でも、ネットを使って地元の様々な長所を PR できる、これを起爆剤にした新しい発展を模索する動きが全国に広がっています。2010 年代半ばから、中国ではネットビジネスが猛スピードで進化を遂げ、農村には多くのタオバオ村が出現、習近平が進めている、2021 年に向けた貧困撲滅の切り札としても、大きな役割を果たしています。

　そんな中、新しい動きも芽生えています。そもそも、農産物の電子商取引（EC）は辺鄙な農村の産物でも都市の消費者に簡単に PR、販売できるところにありますが、一方これを消費者から見れば、同じナツメでも安心で品質の良いものを全国から自分で選んで買えるわけです。となると当然そこで選別が生じます。良い品は売れ、品質が悪かったり、農薬含有量が高かったりすれば敬遠される。つまり、広い範囲で競争が起こり、農産物のブランド化、質や安全の向上が急速に展開されるようになったのです。当然、輸送時の鮮度の保持や扱いにも格段の神経が注がれるようになってきました。

　また、EC の発展は農村の産物の都市への流入だけでなく、都市の製品の農村への流入をも大幅に促進し、さらには海外からの様々な製品も音を立てて農村に流入し始めました。2016 年から始まった第 13 次 5 カ年計画期における農村 EC の新傾向はまさしく都市の製品の農村への流入でしょう。農村に流入する工業製品は①テレビ、②通信機器、③ドライクリーニング、④エアコン、⑤コンピュータで、一般生活製品では①家具、②輸入保健品・生鮮食料品、③化粧品、④デジタル機器、⑤文化製品とのこと。こうした動きを後押ししているのが、農村への配達所用時間の大幅な短縮であり、さらにこうした農村 EC の発展が必然的に代金の支払い方法を劇的に変化させ、農村でもカード払いが急速に普及しています。

陳さんのつぶやき

動画シリーズ「草原印象」をネットで見ました。モンゴル族の日常が垣間見ることができる一方、烏音嘎さんの自然な中国語とモンゴル語の話し方にとても感心。放送通訳や同時通訳の仕事をしているので、マイクに向かって自然な声を出すのは意外と難しいと分かっているから▼番組の後、モニターで自分の声を確認すると、たいていこんな感じ。出だしは声が弱く、途中ろれつが回らなくなる瞬間 1、2 回、時には最後の 1 本だけ別人のように理想的な声になります。モニターの前で今でも自分の声に振り回されます▼もう 10 年以上前のこと。NHK の中でエレベーターに乗ったら、中に当時 SMAP の草彅君と番組スタッフがいました。背中を向けて立つと、後ろで彼の声が聞こえました。なに！　これ！　厚みのある、めっちゃいい声。しびれました▼いい声の持ち主のこと、本当に羨ましいですね。

去神秘的朝鲜看看

Qù shénmì de Cháoxiǎn kànkan

ピョンヤンの町の風景

　列強のパワーゲームに常に翻弄されてきた朝鮮半島。今も米中覇権争いの真っ只中に放り出され、地政学的な宿命の中でもがき続けています。

　朝鮮戦争を中国とともに戦った戦友意識と中国による支配への反発の狭間で苦悩する北朝鮮を中国人はどう見ているのでしょう。

随着 中朝关系 越来越 好， 中国 访朝游客
Suízhe Zhōng-Cháoguānxi yuèláiyuè hǎo, Zhōngguó fǎngCháoyóukè

大幅 增加。 2019 年 的 游客人数 比 往年
dàfú zēngjiā. Èrlíngyījiǔ nián de yóukèrénshù bǐ wǎngnián

增长了 30% 至 50%。 据 旅行社 说，
zēngzhǎngle bǎifēnzhīsānshí zhì bǎifēnzhīwǔshí. Jù lǚxíngshè shuō,

开往 朝鲜首都 平壤 的 国际列车 和 飞机航班
kāiwǎng Cháoxiǎnshǒudū Píngrǎng de guójìlièchē hé fēijīhángbān

基本 每天 都 满员， 很 难 买到 票。
jīběn měitiān dōu mǎnyuán, hěn nán mǎidào piào.

关于 每年 有 多少 中国游客 前往 朝鲜，
Guānyú měinián yǒu duōshao Zhōngguóyóukè qiánwǎng Cháoxiǎn,

没有 明确 的 官方统计， 估计 2019 年 可能
méiyǒu míngquè de guānfāngtǒngjì, gūjì èrlíngyījiǔ nián kěnéng

达到 20万 人。 一 位 来自 甘肃 的 老大爷 说，
dádào èrshíwàn rén. Yí wèi láizì Gānsù de lǎodàye shuō,

朝鲜 对 他们 这 个 年龄段 的 人 还 是 很 有
Cháoxiǎn duì tāmen zhè ge niánlíngduàn de rén hái shì hěn yǒu

吸引力 的。
xīyǐnlì de.

网友 的 帖子 上 说，"朝鲜 这 个 国家
Wǎngyǒu de tiězi shang shuō, "Cháoxiǎn zhè ge guójiā

就是 5、 60 年代 的 中国， 去 那里 旅游， 就是
jiùshì wǔ、 liùshí niándài de Zhōngguó, qù nàli lǚyóu, jiùshì

为了 去 怀旧 的"。
wèile qù huáijiù de".

"我 很 喜欢 在 街上 看 朝鲜 的 公交车，
"Wǒ hěn xǐhuan zài jiēshang kàn Cháoxiǎn de gōngjiāochē,

既有 上世纪 60 年代 的 有轨电车， 也有 21
jìyǒu shàngshìjì liùshí niándài de yǒuguǐdiànchē, yěyǒu èrshíyī

世纪 现代感 满满 的 太阳能驱动车。"
shìjì xiàndàigǎn mǎnmǎn de tàiyángnéngqūdòngchē."

"到 朝鲜 旅行 的 几 天， 我 最 不 习惯 的
"Dào Cháoxiǎn lǚxíng de jǐ tiān, wǒ zuì bù xíguàn de

解読の手がかり

<u>来自甘肃</u>：「甘粛省から来た」。"自"はよく動詞の後について起点を表します。論説体専用の言い回しです。

　例："发自～"「～から発する」、"选自～"「～から選ぶ」

　例文1：温故知新这个成语出自《论语》。
　　　　Wēngùzhīxīn zhè ge chéngyǔ chūzì «Lúnyǔ».

　例文2：这首歌是发自内心深处的呼喊。
　　　　Zhè shǒu gē shì fāzì nèixīnshēnchù de hūhǎn.

<u>还是很有吸引力的</u>：「やはりとても魅力があるものだ」。"是～的"は動詞フレーズをその間に挟み、時間・場所・手段などを確認し、すでに起こったことを際立たせたり、話し手の主観的判断としてはっきり示したりする働きがあります。ここでは後者です。

　例文1：这个座位不是我预定的。
　　　　Zhè ge zuòwèi bú shì wǒ yùdìng de.

　例文2：都是你惹的祸。
　　　　Dōu shì nǐ rě de huò.

語 注

随着～	「～に伴って」
据～说	「～によれば」
平壤	（地名）「ピョンヤン」
飞机航班	「フライト」
买到	「（買って）手に入れる」
官方统计	「公式の統計」
甘肃	（地名）「甘粛省」
年龄段	「年齢層」
帖子	「（ネット上の）書き込み」
公交车	「バス」「公共交通」
既有～也有…	「～もあれば…もある」⇒ p.65 解読の手がかり
有轨电车	「路面電車」
太阳能驱动车	「ソーラーバス」

是 没 网络。在 平壤机场, 我 发现 有 提供
shì méi wǎngluò. Zài Píngrǎngjīchǎng, wǒ fāxiàn yǒu tígōng

WIFI服务 的 地方, 经过 咨询, 才 发现 要 收费, 十
WIFI fúwù de dìfang, jīngguò zīxún, cái fāxiàn yào shōufèi, shí

分钟 两 美金。 这样 的 价格, 让 我 感到
fēnzhōng liǎng Měijīn. Zhèyàng de jiàgé, ràng wǒ gǎndào

惊讶。"
jīngyà."

　　"去 朝鲜 之前, 我 曾 听说 当地 对 拍照
"Qù Cháoxiǎn zhīqián, wǒ céng tīngshuō dāngdì duì pāizhào

管理 很 严。去了 之后 发现 没有 那么 严格, 限制
guǎnlǐ hěn yán. Qùle zhīhòu fāxiàn méiyǒu nàme yán'gé, xiànzhì

拍照 的 主要 是 和 军事 相关 的 地方, 还 有
pāizhào de zhǔyào shì hé jūnshì xiāngguān de dìfang, hái yǒu

脏乱 的 地方。另外, 领袖 的 图片 一般 也 不 让
zāngluàn de dìfang. Lìngwài, lǐngxiù de túpiàn yìbān yě bú ràng

拍。个人 觉得, 这些 规定 还是 可以 接受 的。但
pāi. Gèrén juéde, zhèxiē guīdìng háishi kěyǐ jiēshòu de. Dàn

游客 不 可以 自由 走动 是 真 的。"
yóukè bù kěyǐ zìyóu zǒudòng shì zhēn de."

　　"平壤 的 夜市 没有 国内 热闹, 娱乐活动 也
"Píngrǎng de yèshì méiyǒu guónèi rè'nao, yúlèhuódòng yě

很少。 晚上, 就算 到 平壤街头 溜达, 也 没有
hěnshǎo. Wǎnshang, jiùsuàn dào Píngrǎngjiētóu liūda, yě méiyǒu

什么 趣味。外 国人 购物 的 商店 都 是
shénme qùwèi. Wàiguórén gòuwù de shāngdiàn dōu shì

涉外商店, 中国游客 可以 直接 使用 人民币
shèwàishāngdiàn, Zhōngguóyóukè kěyǐ zhíjiē shǐyòng Rénmínbì

消费。需要 注意 的 是, 在 朝鲜 必须 使用 现金
xiāofèi. Xūyào zhùyì de shì, zài Cháoxiǎn bìxū shǐyòng xiànjīn

支付, 不 可以 刷卡。"
zhīfù, bù kěyǐ shuākǎ."

解読の手がかり

経过～，**才发现要收费**：「～してようやく有料だとわかった」。"才"は話し手
が「時間がかかる」「スムーズでない」と感じているニュアンスを表します。

例文1：经历困难，才知道成果来之不易。
Jīnglì kùnnan, cái zhīdao chéngguǒ láizhībúyì.

例文2：跑一次高速公路才明白，这车买对了。
Pǎo yí cì gāosùgōnglù cái míngbai, zhè chē mǎiduì le.

就算～也…：「たとえ～だとしても…」。

例文1：就算是亲兄弟，也要明算账。
Jiùsuàn shì qīnxiōngdì, yě yào míngsuànzhàng.

例文2：就算是开玩笑，这话也有点过分了。
Jiùsuàn shì kāiwánxiào, zhè huà yě yǒudiǎn guòfèn le.

語　注

经过咨询	「案内を通して」
收费	「有料」
美金	「米ドル」
感到惊讶	「意外に思う」
脏乱	「ごみごみしている」「ごみだらけ」
领袖	「指導者」「リーダー」
走动	「出歩く」
溜达	「ぶらぶらする」「散策する」
趣味	「面白み」
涉外商店	「外国人向けの店」
刷卡	「カード決済する」

　目まぐるしく変化している朝鮮半島情勢。その根底にあるのは、南北分断の悲劇がなお続いている状態。すでに、ベトナム、ドイツなどは、分断国状態を解消しているのに、朝鮮半島は未解決のままです。

　朝鮮半島問題が長引く最大の要因は、その分断が常に周辺の大国の思惑に振り回されているからです。19～20世紀前半は、ロシア、清国、日本及び欧米列強のパワーゲームに翻弄され、終には、朝鮮戦争という悲惨な結果を招きましたが、これも見方によっては大国の代理戦争の場にされた結果と言えましょう。

　今日、韓国の文在寅大統領が、「これ以上、大国の覇権争いに翻弄されて、また悲惨な代理戦争を戦わされ、甚大な犠牲を出すのはごめんだ。それを避けるためには、南北が統一して、地政学的にも経済的にも侮られない存在にならなければならない」と、イデオロギーや体制の違いを脇においてまで南北統一を模索するのは、長期的な観点から見れば、民族の悲願でもあり、思想や立場の違いを超え、何人たりとも十分理解できることです。

　2017年末頃、核実験を続ける北朝鮮の金正恩氏に対し、アメリカが、ビン・ラディンに対したような非常手段に打って出るのではないか、という可能性が現実味を帯びて語られましたが、もしそうなれば、朝鮮半島に大変動が起こり、第二次朝鮮戦争勃発の可能性さえ見え隠れしました。

　その意味からも、文在寅大統領がそれを抑止するために金正恩を引っ張り出し、平和的解決の可能性を醸し出そうとしたのは、理解できる範囲でしょう。しかし、ベトナムにせよドイツにせよ、一方の政権が崩壊に瀕したからこそ統一が可能であったわけで、イデオロギーが全く違う独裁国家と民主国家が対等に統一に向かえるわけがないことも冷厳な法則でしょう。

陳さんのつぶやき

亡き父はあの朝鮮戦争に関わったことがあります。復旦大学英文科出身の父が入ったのは空軍で、ハルビンの空軍基地にとどまり、ロシアからの援軍のお手伝いが主な仕事だったらしい▼父はなぜ志願兵になったのか、上海市図書館で祖父のことについて当時の新聞で調べたところ、ふとその理由が分かった気がしました。当時、祖父陳子展は復旦大学中文学部主任でありながら、共産党の調査を受けていました。新聞には陳子展が右なのか左なのかと多くの記事がありました。そこで、「陳子展氏の息子が志願兵に登録」という短い記事を見つけました▼父は当時進歩的な青年だったと叔母が教えてくれましたが、私は、それが父の親孝行ではないかと想像しました。祖母が38歳のとき亡くなり、祖父は1人で5人の子供の面倒を見ていました。長男の父は無口な人ですが、思いをよく行動にする人ではあります。

●第15课 — Dìshíwǔ kè

雄安新区将满三周岁

Xióng'ānxīnqū jiāng mǎn sān zhōu suì

深圳・浦東・雄安のスローガン（上）
セグウェイに載ったエンジニアが自動運転車の実験をしている（下）

　複数の一級行政区（省・自治区・直轄市）の壁を取り払い、様々なリソースの合理的再配置を通して、広大なハイレベル経済圏を構築しよう、という動きが活発化。
　その代表、京津冀発展計画の中核をなす雄安新区建設構想が発表されて３年、その進捗ぶりとは？

2017 年 4 月 1 日， 中国政府 决定 设立
Èrlíngyīqī nián sì yuè yī rì, Zhōngguózhèngfǔ juédìng shèlì

雄安新区， 目的 是 承接 和 疏解 北京 的
Xióng'ānxīnqū, mùdì shì chéngjiē hé shūjiě Běijīng de

非首都功能。 计划 实施 以来， 三 年 即将 过去，
fēishǒudūgōngnéng. Jìhuà shíshī yǐlái, sān nián jíjiāng guòqù,

雄安， 现在 怎么样 了 呢？
Xióng'ān, xiànzài zěnmeyàng le ne?

在 刚 建好 的 雄安新区 市民服务中心 周围，
Zài gāng jiànhǎo de Xióng'ānxīnqū shìmínfúwùzhōngxīn zhōuwéi,

新 的 "市民" 正在 活动， 它们 大部分 是 机器人、
xīn de "shìmín" zhèngzài huódòng, tāmen dàbùfen shì jīqirén,

5G 自动远程驾驶 的 汽车 等 设备。 现在， 服务中心
wǔG zìdòngyuǎnchéngjiàshǐ de qìchē děng shèbèi. Xiànzài, fúwùzhōngxīn

一带 成了 一个 巨大 的 未来科学技术 的 试验场地，
yídài chéngle yí ge jùdà de wèiláikēxuéjìshù de shìyànchǎngdì,

无人超市、 共享办公室、 人脸识别、 声纹识别 的
wúrénchāoshì, gòngxiǎngbàngōngshì, rénliǎnshíbié, shēngwénshíbié de

智能 场景 随处可见。
zhìnéng chǎngjǐng suíchùkějiàn.

保护 白洋淀 生态环境， 成为 重中之重。
Bǎohù Báiyángdiàn shēngtàihuánjìng, chéngwéi zhòngzhōngzhīzhòng.

华北明珠 白洋淀， 资源 种类 丰富， 仅 芦苇 就
Huáběimíngzhū Báiyángdiàn, zīyuán zhǒnglèi fēngfù, jǐn lúwěi jiù

多达 10余 种， 风景 秀丽。 2018 年 9 月 起，
duōdá shíyú zhǒng, fēngjǐng xiùlì. Èrlíngyībā nián jiǔ yuè qǐ,

白洋淀水域 禁止 人工水产养殖。
Báiyángdiànshuǐyù jìnzhǐ réngōngshuǐchǎnyǎngzhí.

雄安新区 有着 丰富 的 地热资源， 其中，
Xióng'ānxīnqū yǒuzhe fēngfù de dìrèzīyuán, qízhōng,

雄县 地热资源 已 广泛 用于 生活取暖 和
Xióngxiàn dìrèzīyuán yǐ guǎngfàn yòngyú shēnghuóqǔnuǎn hé

解読の手がかり

現在怎么样<u>了</u>呢？：「現在はどのようになっているか」。文末に置かれる"了"
は状況が変化したこと、新しい事態が発生したことを表します。

　例文1：轮到你了。
　　　　Lúndào nǐ le.
　例文2：刚才还是好天气，突然就下起雨来了。
　　　　Gāngcái háishi hǎo tiānqì, tūrán jiù xiàqǐ yǔ lái le.

服务中心一带成<u>了</u>一个～：「サービスセンター一帯は～になっている」。動詞
の後の"了"は動作行為の完成・実現を表します。

　例文1：他做<u>了</u>什么被开除了？
　　　　Tā zuòle shénme bèi kāichú le?
　例文2：闹了两个月，倒了15家酒楼。
　　　　Nàole liǎng ge yuè, dǎole shíwǔ jiā jiǔlóu.

語　注

雄安新区	（タイトル注）（地名）「雄安（ゆうあん）新区」。河北省にあります。北京から125キロあまり。
承接	「引き継ぐ」
疏解	「分散させる」
即将	「まもなく」
5G自动远程驾驶	「5G遠隔自動運転」
无人超市	「無人スーパー」
共享办公室	「シェアオフィス」
人脸识别	⇒ p.15 語注
声纹识别	「声紋認識」
随处可见	「至るところに見られる」
白洋淀	（湖の名）「白洋淀（はくようでん）」
重中之重	「最重要」
华北明珠	「華北の真珠」。"华北"は河北省・山西省・北京市・天津市一帯。"明珠"はすばらしいもののたとえ。
芦苇	「アシ」
2018年9月起	「2018年9月から」。cf. p.15 解読の手がかり
生活取暖	「生活のための暖房」

观光疗养 等 领域。
guānguāngliáoyǎng děng lǐngyù.

污染企业 将 消失。雄县 是 中国北方 最 大
Wūrǎnqǐyè jiāng xiāoshī. Xióngxiàn shì Zhōngguóběifāng zuì dà

的 塑料包装生产基地。自 宣布 成立 雄安新区
de sùliàobāozhuāngshēngchǎnjīdì. Zì xuānbù chénglì Xióng'ānxīnqū

以后，对 当地 的 塑料行业 来说，只有 两 条 路
yǐhòu, duì dāngdì de sùliàohángyè láishuō, zhǐyǒu liǎng tiáo lù

可 走，要么 转型，要么 搬迁。
kě zǒu, yàome zhuǎnxíng, yàome bānqiān.

"原住民" 回归。北漂 张明 的 命运 在
"Yuánzhùmín" huíguī. Běipiāo Zhāng-Míng de mìngyùn zài

2017 年 3 月 31 日 发生 变化。这 天，当
èrlíngyīqī nián sān yuè sānshiyī rì fāshēng biànhuà. Zhè tiān, dāng

北京 的 公司 告诉 他 不 再 续约 时，他 觉得
Běijīng de gōngsī gàosu tā bú zài xùyuē shí, tā juéde

压力 好大。第二 天，他 把 这 个 "不幸" 的 消息
yālì hǎodà. Dì'èr tiān, tā bǎ zhè ge "búxìng" de xiāoxi

告诉 父母 时，意外 的 是，父母 劝 他 回家。不仅
gàosu fùmǔ shí, yìwài de shì, fùmǔ quàn tā huíjiā. Bùjǐn

是 张明，几乎 所有 的 雄安人 都 感到了
shì Zhāng-Míng, jīhū suǒyǒu de Xióng'ānrén dōu gǎndàole

愚人节 的 真实惊喜。
Yúrénjié de zhēnshíjīngxǐ.

"80 年代 看 深圳，90 年代 看 浦东，21
"Bāshí niándài kàn Shēnzhèn, jiǔshí niándài kàn Pǔdōng, èrshíyī

世纪 看 雄安。"中国经济 这 40 年 的 发展 和
shìjì kàn Xióng'ān." Zhōngguójīngjì zhè sìshí nián de fāzhǎn hé

变化，对 全世界 来说，也 意味着 是 一 个 巨大
biànhuà, duì quánshìjiè láishuō, yě yìwèizhe shì yí ge jùdà

的 人类 经济社会发展 的 试验活动。
de rénlèi jīngjìshèhuìfāzhǎn de shìyànhuódòng.

解読の手がかり

<u>自宣布成立雄安新区以后</u>：「雄安新区創立を宣言してから」。会話体の "从〜以后" に相当します。

例文1：自从那以后，我们没聊过。
Zìcóng nà yǐhòu, wǒmen méi liáoguo.

例文2：从今以后，一切看淡，顺其自然。
Cóng jīn yǐhòu, yíqiè kàndàn, shùnqízìrán.

<u>要么〜要么…</u>：「〜するか…するかだ」。二者択一を表します。

例文1：人生，要么出众要么出局。
Rénshēng, yàome chūzhòng yàome chūjú.

例文2：去日本，要么坐船，要么坐飞机。
Qù Rìběn, yàome zuò chuán, yàome zuò fēijī.

語　注

观光疗养	「湯治旅行」
雄县	（地名）「雄県（ゆうけん）」。河北省保定市にある県級市でしたが、雄安新区の一角となります。
塑料	「プラスチック」
只有两条路可走	「進むべき道は2つしかない」⇒ p.27 解読の手がかり
北漂	「地方から北京へ出稼ぎに来ている人」
不再续约	「契約を更新しない」
压力	「ストレス」「心理的な負担」
愚人节	「エイプリルフール」
真实惊喜	「本物のサプライズ」
深圳	（地名）「深圳（しんせん）経済特区」
浦东	（地名）「浦東（ほとう）新区」

　2019 年 2 月、雄安新区構想と並ぶ、地域発展の巨大プロジェクト〈粤港澳大湾区発展プラン綱要〉が国務院から発表されました。それによると、大湾区は、香港・マカオ両特別行政区と珠江デルタに位置する広東省の 9 つの都市（広州・深圳・仏山・東莞・恵州・中山・江門・珠海・肇慶）から成る、総面積 5.6 万 km^2・総人口約 7000 万人・経済総量 10 兆元（2017 年末）に達する巨大ベイエリア構想で、ニューヨーク、サンフランシスコ、東京といった世界の経済と技術革新をリードする主要湾岸地域に匹敵するエリアの育成を目指しています。

　この地域は 90 年代以降「珠江デルタ経済圏」として発展、中国の急速な経済発展の先端モデル地区としての機能を果たすとともに、包含する 2 つの特別行政区、香港・マカオとの塩分濃度差を縮め、将来的に香港・マカオを祖国の内懐にソフトランディングさせることで、台湾の平和的統一への機運をも高めるという、政治的役割も帯びています。

　今回発表されたプランは、2022 年までの具体的な発展目標として、①新技術創出能力と科学技術研究成果の実用化能力の向上、②新興産業と製造業の革新的競争力の持続的向上と、デジタル経済及び現代的サービス業（金融など）の迅速な成長、③交通・エネルギー・情報・水利など、都市の発展と運営能力のさらなる向上、④エコを重視したスマートシティの実現、⑤香港・マカオとの市場や様々なリソースの交流の強化、を掲げ、2035 年までにはさらにそれらを深化させて、周辺地域を牽引する、としています。そして、そのために、高速鉄道・都市間鉄道・高速道路といった交通インフラや港湾群・空港群で地域をネットワーク化し、港珠澳大橋などによって珠江東西両岸のバランスの取れた協同発展を促す、としています。

🙍 陳さんのつぶやき

戦前の上海と日本人の関係や歴史に非常に詳しい学者・陳祖恩先生の案内で、大雨の中、上海歴史散策をしました。先生から日本人ゆかりの建物や場所、そしてその由来を教わり、これまで何気なく歩いていた町が急に歴史とつながりました▼戦前の日本人居住地に東本願寺、本圀寺（ほんこくじ）、西本願寺が並んでいたといいます。東本願寺はもう姿を消しましたが、本圀寺は民家になりました。民家の入り口の部分にかろうじてお寺の構造が残っていますが、言われなければ、ほとんど気づきません。お寺に住んでいる人の気持ちを知りたいですね▼本圀寺から 10 m 離れたところに変わった白い建物があります。看板には、西本願寺と書いてあるのに驚きました。京都のお寺というより築地本願寺とよく似ています▼町は、住む人が作るものだな、と歩きながら思いました。

練習問題

第1課　程永華大使離任前的最後演講（节选）

【一】日本語の意味に合うように、[　]から適当な語を選んで（　）を埋めてください。

(1)～に貢献する　　　　　　　　　（　）～作出贡献

(2)この時期の学習経験　　　　　　这（　）学习经历

(3)基礎を固める　　　　　　　　　打（　）基础

(4)大きな変化が起こるものだ　　　（　）发生很大变化

(5)顔を合わせての交流　　　　　　面（　）面的交流

　[为　下　会　段　对]

【二】日本語の意味に合うように、本文または例文から適当な語句を選んで（　）に入れてください。

(1)大は社会制度や歴史文化から、小は一般人の生活まで

（　　）社会制度、历史文化，（　　）普通人的生活

(2)相手は自国とは異なる国です。

对方是（　　）自己（　　）国家。

(3)交流の際にたやすく共通点が見つかります。

（　　）交流（　　）很容易发现共同点。

【三】日本語の意味に合うように、[　]内の語句を並べ替えてください。

(1)たくさんの人が私に中国の様子を聞きに来ました。

[来　我　很多人　问　情况　中国的]。

_____

(2)日本の若い人のうち、中国に行ったことのない割合が高いのです。

[没有　中国的　很高　去过　比例　日本年轻人中]。

_____

(3)ある国に行かなければ、相手の国の全貌は理解しにくいものです。

[一个　国家　全貌　不前往　很难了解　对方国家的　就]。

_____

第2课 两个"国菜"的今天

【一】日本語の意味に合うように、[　]から適当な語を選んで（　）を埋めてください。

(1)この老舗　　　　　　　　　这（　）老店

(2)史上最低記録を出す　　　　（　）史上最低

(3)ますます高価になる　　　　越（　）越贵

(4)毎回のオリンピック　　　　每（　）奥运会

(5)料理ができない人　　　　　不（　）做菜的人

　[创　会　家　届　来]

【二】日本語の意味に合うように、本文または例文から適当な語句を選んで（　）に入れてください。

(1)その人の旅行プランはきっと不完全なものです。

他的旅程一定（　）不完美（　）。

(2)全聚徳は2007年に上場してから、日本にも支店を出しました。

全聚徳（　）2007年上市（　），在日本也开了分店。

(3)それはいつも「トマトと卵の炒め物」と笑われます。

它总要（　）笑称（　）"西红柿炒鸡蛋"。

【三】日本語の意味に合うように、[　]内の語句を並べ替えてください。

(1)全聚徳の北京ダックは国賓を招いての宴席のテーブルに運ばれました。

[北京烤鸭　餐桌上　全聚徳的　国宴的　被端到]。

_____

(2)今どきの若い人は目新しさのある料理のほうをより重視します。

[菜品　今天的　具有　年轻人　创新性的　更看重]。

_____

(3)中国人はよく、先にトマトを炒めるか先に卵を炒めるかで大もめします。

[为　中国人　争得　常常　还是　先炒鸡蛋　不可开交　先炒西红柿]。

_____

第3課 "智能"进校园

【一】日本語の意味に合うように、[ ] から適当な語を選んで（ ）を埋めてください。
- (1)居眠りをする 　　　　　　　 （ ）瞌睡
- (2)記録される 　　　　　　　 被记录（ ）来
- (3)気が散る 　　　　　　　 （ ）小差
- (4)ゲームをする 　　　　　　　 （ ）游戏
- (5)及ばない 　　　　　　　 达不（ ）

[到 　开 　下 　玩 　打]

【二】日本語の意味に合うように、本文または例文から適当な語句を選んで（ ）に入れてください。
- (1)2018年の新学期から、制服を着て登校しなければならなくなりました。
- （ ）2018年新学期（ ），必须穿校服上学。
- (2)あなたがもし今やらなければ、将来はなくなります。
- （ ）你现在不做，（ ）没有未来了。
- (3)電子宿題には弊害もありますが、多くの利点もあります。
- 电子作业（ ）有一定弊端，（ ）也有不少好处。

【三】日本語の意味に合うように、[ ] 内の語句を並べ替えてください。
- (1)私は勉強机でうたた寝をすることもあったでしょう。
- [在 　打个盹 　可能会 　书桌上 　我]。

_____

- (2)あなたは一日24時間監視されていたいですか。
- [被 　监控 　愿意 　24小时 　你 　吗 　一天]？

_____

- (3)子供が毎日のように彼女の携帯電話で宿題をしたがるのです。
- [都 　孩子 　几乎 　要拿 　每天 　做作业 　她的手机]。

_____

第4課 996：奋斗与生活，真的只能二选一吗？

【一】日本語の意味に合うように、[］から適当な語を選んで（ ）を埋め
てください。
- (1)住宅ローンを背負う 　　　　　　　背（ ）了房贷
- (2)次の世代の計画 　　　　　　　　　（ ）一代的计划
- (3)離れられない 　　　　　　　　　　离不（ ）
- (4)つまり～ということでもある 　　　（ ）就是说～
- (5)けっして報酬を得られない 　　　　（ ）没有获得收入回报

[也　上　开　下　并]

【二】日本語の意味に合うように、本文または例文から適当な語句を選んで
（ ）に入れてください。
- (1) 3日オンラインしただけで10万を超える人からの注目を集めました。
上线（ ）三天，（ ）获得了超过10万名的关注。
- (2)年が若ければ若いほど、残業の割合は高くなります。
（ ）年轻，加班的比例（ ）高。
- (3)～ではありますが、しかし収入の増え方は次第にスローダウンします。
～，（ ）收入增速（ ）逐步下降。

【三】日本語の意味に合うように、[］内の語句を並べ替えてください。
- (1)ネット上に「996.ICU」という名のキャンペーンが起こりました。
["996.ICU"的　名为　出现了　一个　项目　网上]。

_____

- (2)ネット関連の大企業は相次いで996リストに載せられました。
[被　先后　列入　996名单里　互联网大公司]。

_____

- (3)残業は職場の若い人たちの「必修科目」になっているようです。
[加班　职场　似乎　"必修课"　成了　年轻人的]。

_____

第5課　改変中国人生活的快递

【一】日本語の意味に合うように、［　］から適当な語を選んで（　）を埋めてください。

(1)スマート化時代を迎えた　　　　　迎（　）了智能化时代
(2)ある医師が言うには　　　　　　　一（　）医生说
(3)弁当を持って、　　　　　　　　　（　）盒饭，
(4)調査によれば　　　　　　　　　　（　）调查
(5)時間に間に合わせるために　　　　为了（　）时间
［位　赶　来　带　据］

【二】日本語の意味に合うように、本文または例文から適当な語句を選んで（　）に入れてください。
(1)宅配便企業は洪水のような荷物に対応できます。
快递企业能够应对（　）洪水（　）的包裹。
(2)本当に便利です。
实在（　）方便（　）。
(3)もう子供の昼ごはんの心配をしなくてもよくなりました。
（　）也（　）担心孩子的午饭了。

【三】日本語の意味に合うように、［　］内の語句を並べ替えてください。
(1)今日ではこの呼び名を使う中国人はいなくなりました。
［中国人　没有　了　已经　用　这个称呼　今天］。

_____

(2)それはECと物流宅配という2つの業界を1つに結びつけました。
［电商和物流快递　一起　把　它　绑到了　两个行业］。

_____

(3)ECと物流の共同発展は人々のライフスタイルをも変えつつあります。
［在　协同发展　也　电商和物流的　人们的　生活方式　改变］。

_____

第 6 课　电视剧《都挺好》，为什么受欢迎

【一】日本語の意味に合うように、［　］から適当な語を選んで（　）を埋めてください。

(1)見たところ「まあまあ」だ　　　　　看上（　）"都挺好"
(2)18 歳の年に　　　　　　　　　　18 岁（　）年
(3)自分の努力を頼りに　　　　　　　（　）自己的努力
(4)妹の機会を奪い去る　　　　　　　抢（　）妹妹的机会
(5)いずれも 46％を占めている　　　（　）占据了 46％
［靠　那　均　走　去］

【二】日本語の意味に合うように、本文または例文から適当な語句を選んで（　）に入れてください。

(1)これは家庭内でよく使われる言い回しです。
这是（　）家庭（　）常用的表达方式。
(2)このことは彼に、兄や妹との確執を悪化させました。
这让他（　）哥哥和妹妹（　）的矛盾激化。
(3)中国の家庭問題はけっしてここ数年になって出てきたものではありません。
中国家庭的问题（　）这几年才开始出现（　）。

【三】日本語の意味に合うように、［　］内の語句を並べ替えてください。

(1)これは疑いなく 2019 年上半期で最も注目を集めたテレビドラマです。
［2019 年上半年　这　是　最受人瞩目的　无疑　电视连续剧］。

_____

(2)結婚してからも母親に援助を求めます。
［母亲　结婚后　自己　也　要　帮助］。

_____

(3)80 年代生まれ、90 年代生まれは自分の生き方により敏感です。
［对　生存方式　80 后、90 后　自己的　敏感　更为］。

_____

第 7 課　称呼中看出人际关系和社会的变化

【一】日本語の意味に合うように、〔　〕から適当な語を選んで（　）を埋めてください。

(1)"小姐" と呼ぶのが流行ったことがある　　流行（　）叫 "小姐"

(2)あるネットユーザー曰く　　　　　　　　有（　）网友说

(3)誰1人彼を相手にしない　　　　　　　　一个也不（　）他

(4)ついていけない　　　　　　　　　　　　（　）不上

(5)大陸で使われる　　　　　　　　　　　　用（　）大陆

〔理　过　跟　于　个〕

【二】日本語の意味に合うように、本文または例文から適当な語句を選んで（　）に入れてください。

(1)公の職場であろうと民間の職場であろうと

（　　　）是官方的（　　　）民间的职场

(2)"小姐" と呼ぶのを主とする

（　　　）叫 "小姐"（　　　）

(3)どう呼んだら現代風でもありふさわしくもあるのでしょうか。

怎么称呼才（　　　）有时代气息、（　　　）得体呢?

【三】日本語の意味に合うように、〔　〕内の語句を並べ替えてください。

(1)彼が "服務員" と呼んでようやく店員がやって来ました。

〔喊了　"服务员"　店员　才有　过来　他　后〕。

_____

(2)変化が一番多かったのは恐らく夫と妻に対する呼び方です。

〔的　变化　大概　是　最多的　丈夫和妻子　叫法　对〕。

_____

(3)今の若い人はすでにあまりこの言葉を使わなくなっています。

〔已经　这个词　现在的　年轻人　了　很少使用〕。

_____

第 8 课　茶马古道上的普洱思茅

【一】日本語の意味に合うように、〔　　〕から適当な語を選んで（　　）を埋めてください。

(1)唐代に興る　　　　　　　　　　　　　兴起（　　）唐代

(2)すでに歴史になっている　　　　　　（　　）成历史

(3)うまい具合に　　　　　　　　　　　（　　）的是

(4)手取り足取り　　　　　　　　　　　手（　　）手

(5)今なお続いている　　　　　　　　　（　　）在延续

〔巧　于　仍　已　把〕

【二】日本語の意味に合うように、本文または例文から適当な語句を選んで（　　）に入れてください。

(1)しかし普洱市思茅区では新たな発展の道が始まりました。

（　　）普洱思茅地区（　　）开始了一条新的发展之路。

(2)スターバックスまでもが普洱で作ったコーヒー豆を使い始めました。

（　　）星巴克（　　）开始使用普洱生产的咖啡豆。

(3)茶馬古道のプーアル茶の源から「中国コーヒーの都」まで

（　　）茶马古道的普洱茶源头（　　）"中国咖啡之都"

【三】日本語の意味に合うように、〔　　〕内の語句を並べ替えてください。

(1)雲南・チベット間の茶馬古道とはキャラバンの道です。

〔一条　就是　马帮们的　滇藏茶马古道　道路〕。

_____

(2)行き交う人々はみなここで足を休めたものです。

〔在这里　来来往往的　要　都　歇脚　人〕。

_____

(3)ネッスル社は相次いで7人の農芸専門家を普洱市に派遣してコーヒー栽培を指導しました。

〔先后　指导　雀巢公司　到普洱　七位　农艺专家　咖啡种植　派出〕。

_____

第9課　城市花絮

【一】日本語の意味に合うように、［　　］から適当な語を選んで（　）を埋めてください。

(1)「大撤退」を演じつつある　　　　（　）上演"大撤离"

(2)6.8％減少した　　　　　　　　　減少（　）6.8%

(3)オンラインで見ることができる　　线上看（　）见

(4)外出に携帯電話しか持たない　　　出门（　）带手机

(5) 1つのデータ　　　　　　　　　　一（　）数据

［在　只　得　项　了］

【二】日本語の意味に合うように、本文または例文から適当な語句を選んで（　）に入れてください。

(1)リース料にすら足りない

（　　）租金（　　）不够

(2)福州市の消費者にとっては

（　　）福州市的消费者（　　　）

(3)キッチンで見られるだけでなく、オンラインでも生配信を見られます。

（　　）能在后厨见到,（　　）能在线上观看直播。

【三】日本語の意味に合うように、［　　］内の語句を並べ替えてください。

(1)現金を受け付けない店も増えています。

［也　现金的　增加　不收　在　店铺］。

_____

(2)63％以上の消費者は毎週の出前消費が3回を超えています。

［三次　63%以上的　每周　超过　外卖消费　消费者］。

_____

(3)私もお腹を壊したことがあります。

［我　的　有过　肚子　情况　吃坏　也］。

_____

第10課 中国資金挽救苦悩的日本中小企業

【一】日本語の意味に合うように、［ ］から適当な語を選んで（ ）を埋めてください。

(1)三大企業の1つ 　　　　　　　三大企業（ ）一

(2)中国企業に買収される 　　　　　（ ）中国企业收购

(3)45億ドルである 　　　　　　　（ ）45亿美元

(4)2012年に 　　　　　　　　　　（ ）2012年

(5)この会社 　　　　　　　　　　（ ）公司

　［被　该　之　为　于］

【二】日本語の意味に合うように、本文または例文から適当な語句を選んで（ ）に入れてください。

(1)会社は業務を上海の部品企業に譲渡しました。

公司（ ）业务转让（ ）上海的零部件企业。

(2) 2018年より5割増えました。

（ ）2018年（ ）了五成。

(3)これらの企業は後継者不足に悩んでいました。

这些企业（ ）接班人不足（ ）苦恼。

【三】日本語の意味に合うように、［ ］内の語句を並べ替えてください。

(1)日本の大企業はしばしば、技術はあるのに後継者がいないこうした小さい工場をおろそかにします。

［往往忽略　小工厂　这些　日本大企业　但是　的　没有接班人　有技术］。

_____

(2)中国と日本の力の差に逆転が起こりました。

［对比　力量　中日的　逆转　发生］。

_____

(3)これはすでに争えない事実です。

［这　是　事实　不争的　已经　个］。

_____

第 11 课　北京为什么治不好飞絮？

【一】日本語の意味に合うように、〔　〕から適当な語を選んで（　）を埋めてください。

(1) ものすごく多い　　　　　　　多（　）不得了
(2) 最も苦手なのは風だ　　　　　最（　）刮风
(3) 唯一の解決方法は植樹だ　　　唯一的解决办法（　）是植树
(4) 4 月になるたびに　　　　　　（　）到 4 月
(5) 少し歩く　　　　　　　　　　走（　）步

〔就　怕　每　两　得〕

【二】日本語の意味に合うように、本文または例文から適当な語句を選んで（　）に入れてください。

(1) 今スモッグを避けるのとは違って
（　　）现在躲雾霾不（　　）
(2) 50 年代の 26 日から 3 日へと減りました。
（　　）50 年代的 26 天，下降（　　）三天。
(3) 恋愛とは人生経験の 1 つにすぎません。
恋爱（　　）是人生经历之一（　　）。

【三】日本語の意味に合うように、〔　〕内の語句を並べ替えてください。

(1) 北京のポプラは 1970 年代に植えられたものです。
〔上世纪 70 年代　白杨树　种植　北京　都　是　的〕。

_____

(2) タンポポなどは綿毛によって種をまき散らすのです。
〔是　来　种子　都　靠飞絮　传播　蒲公英等〕。

_____

(3) これは人類の歴史が始まったときからある問題です。
〔开始以来　这　是　问题　一个　就有的　人类史〕。

_____

第 12 课　中国进入全民健身时代

【一】日本語の意味に合うように、[　]から適当な語を選んで（　）を埋め
てください。

    (1)たくましくなる　　　　　　　　　　変（　）壮

    (2)多くの人が彼女をうらやむ　　　　　很多人（　）羡慕她

    (3)彼が生まれた 80 年代に　　　　　　（　）他出生的 80 年代

    (4)最多でも 1 ％しかいない　　　　　　最多（　）只有百分之一

    (5)運動するという形で健康を追求する　（　）运动方式追求健康

    [也　在　得　以　都]

【二】日本語の意味に合うように、本文または例文から適当な語句を選んで
（　）に入れてください。

    (1)ある人がもしひどく痩せていると、人から枯れ枝のようにガリガリだと
言われたものです。

    一个人（　）太瘦，（　）会被人说是骨瘦如柴。

    (2)こんなダイエットは健康には何のメリットもありません。

    这种减肥对健康（　）没有（　）好处。

    (3)人生は絵巻物のように色とりどりなものだ。

    人生应该（　）画卷（　），五颜六色。

【三】日本語の意味に合うように、[　]内の語句を並べ替えてください。

    (1)これも職業になりうると考える人はほとんどいませんでした。

    [也　成为　几乎　想到　能　职业　没人　这]。

    ————————————————————————

    (2)5 億人が積極的にスポーツをしているものと見られます。

    [体育运动　积极参与　会有　预计　五亿人]。

    ————————————————————————

    (3)フィットネス産業も将来の中国の経済成長の新たな特色になるでしょ
う。

    [将　健身产业　也　新亮点　成为　中国经济增长的　未来]。

    ————————————————————————

第13课　内蒙古有个网红女孩

【一】日本語の意味に合うように、[　　]から適当な語を選んで（　）を埋めてください。

   (1)～の家庭に生まれる　　　　　　　出生（　）～家庭

   (2)とてもたくさんのゲル　　　　　　（　）多蒙古包

   (3)はっきり～になろうとする　　　　堅定（　）要做～

   (4)内モンゴルの話になると　　　　　聊（　）内蒙古

   (5)その回の動画　　　　　　　　　　那（　）視頻

   [期　在　好　起　地]

【二】日本語の意味に合うように、本文または例文から適当な語句を選んで（　）に入れてください。

   (1)大草原か、でなければゲルか

   （　　）大草原,（　　）蒙古包

   (2)たった1本でクリック数が100万余りになる

   （　　）点击量（　　）100多万

   (3)彼らは5年かけて内モンゴル全体の景色を見せようと思っています。

   他们打算（　　）五年时间,（　　）展现整个内蒙古的景色。

【三】日本語の意味に合うように、[　　]内の語句を並べ替えてください。

   (1)彼女は両親を驚かせる決心をしました。

   [让父母　她　很诧异的　一个　决定　做了]。

---

   (2)烏音嘎さんと彼女のチームは251本の動画を作りました。

   [和　视频　乌音嘎　她的团队　251条　创作了]。

---

   (3)彼女は草原の少女の心の中にある最も美しい「メロディー」を世の中の人に表現しています。

   [最美的　她　世人　向　草原女孩　"旋律"　心中　演绎着]。

第14课　去神秘的朝鲜看看

【一】日本語の意味に合うように、[　]から適当な語を選んで（　）を埋めてください。

(1)30%から50%　　　　　　　　　　30%（　）50%

(2)北朝鮮の首都ピョンヤンへと走る　　开（　）朝鲜首都平壤

(3)甘粛省から来た　　　　　　　　　来（　）甘肃

(4)案内を通じてようやくわかった　　经过咨询（　）发现

(5)～と聞いたことがある　　　　　　（　）听说～

[往　曾　自　至　才]

【二】日本語の意味に合うように、本文または例文から適当な語句を選んで（　）に入れてください。

(1)旅行社によれば～ということだ。

（　）旅行社（　）～。

(2)公共交通には路面電車もあればソーラーバスもあります。

公交车（　）有轨电车，（　）太阳能驱动车。

(3)ピョンヤンの町をぶらぶらしようとしても、何の面白みもありません。

（　）到平壤街头溜达，（　）没有什么趣味。

【三】日本語の意味に合うように、[　]内の語句を並べ替えてください。

(1)写真撮影が制限されるのは主に軍事関係の場所です。

[主要　相关的　限制拍照的　和军事　地方　是]。

_____

(2)指導者の写真も一般に撮影させてもらえません。

[拍　图片　领袖的　不让　一般也]。

_____

(3)ピョンヤンの夜市は国内ほど賑やかではありません。

[平壤的　热闹　夜市　国内　没有]。

_____

第15課　雄安新区将満三周岁

【一】日本語の意味に合うように、[　]から適当な語を選んで（　）を埋め
てください。

(1)建ったばかり　　　　　　　　　　（　　）建好
(2)10種あまりにもなる　　　　　　　多（　　）10余种
(3)9月から　　　　　　　　　　　　9月（　　）
(4)豊かな地熱資源がある　　　　　　有（　　）丰富的地热资源
(5)汚染企業は消えるだろう　　　　　污染企业（　　）消失

[起　达　将　刚　着]

【二】日本語の意味に合うように、本文または例文から適当な語句を選んで
（　）に入れてください。

(1)雄安新区を設立すると宣言してから
（　　）宣布成立雄安新区（　　）

(2)方向転換するか移転するかです。
（　　）转型,（　　）搬迁。

(3)会社が契約更新しないと告げたとき、彼は大きなストレスを感じまし
た。
（　　）公司告诉他不再续约（　　），他觉得压力好大。

【三】日本語の意味に合うように、[　]内の語句を並べ替えてください。

(1)雄県の地熱資源はすでに生活のための暖房などの分野で広く使われてい
ます。
[生活取暖等　雄县　用于　地热资源　领域　已　广泛]。

_____

(2)張明の運命には2017年3月31日に変化が起こりました。
[命运　发生　张明的　变化　在2017年3月31日]。

_____

(3)ほとんどすべての雄安人はみなエイプリルフールのサプライズだと思い
ました。
[惊喜　所有的　几乎　都　愚人节的　感到了　雄安人]。

_____

出典

第1课　程永华大使离任前的最后演讲（节选）
——日本一桥大学 2019 年新年开学致辞

在日本中国大使馆ホームページ　2019年4月7日《程永华大使离任前在日本一桥大学的最后演讲》

第2课　两个"国菜"的今天

腾讯新闻　2018年10月30日《全聚德卖不动了：太贵、太拽、还是太难吃？》

人民日报　2017年12月20日《国菜"红炒黄"其实是西红柿炒鸡蛋》

第3课　"智能"进校园

新京报　2019年2月18日《面对"智能校服"不能只看到智能》

新浪教育　2017年11月30日《电子作业悄然兴起》

中国教育报　2019年2月20日《智能校服不能忽视个人隐私》

中国教育报　2019年3月25日《找准尺度是教育的魅力所在》

南方都市报　2018年12月30日《学校推广智能校服实时监控学生，少数家长和孩子有说不的权利吗？》

第4课　996：奋斗与生活，真的只能二选一吗？

人民网——观点频道　2019年4月2日《"996工作制"是谁的如意算盘？》

中国新闻网　2019年4月14日《你的996真的值得吗？》

中国青年报　2019年4月16日《"996"大讨论：奋斗与生活真的只能二选一吗》

谷雨数据　2019年7月2日《成职场人每周加班，50%以上都是"无偿加班"》

第5课　改变中国人生活的快递

环球网　百家号　2018年11月11日《不止中国人　外媒被中国人双十一的购买力惊呆了！》

北京商报讯　2019年7月6日《快递的交通事故》

新京报　2018年11月13日《天猫"双十一"与中国物流业十年：相互成就共同转型》

第6课　电视剧《都挺好》，为什么受欢迎

鱼眼看娱乐　2019年3月5日　《都挺好》：三大尖锐社会问题，引网友共鸣

中国新闻出版广电报　2019年2月27日　《都挺好》：直击原生家庭痛点

第7课　称呼中看出人际关系和社会的变化

学国学网　2018年1月9日《从"郎君"到"老公"：中国丈夫称谓知多少？》

表紙デザイン：大下賢一郎
photos
表1：View Stock/Getty Images
表4：zhao jiankang/Shutterstock.com

時事中国語の教科書 -2020年度版- 〈CD付〉

検印
廃止

© 2020 年 1 月 31 日 初 版 発 行

著　　者　　三潴　正道（麗澤大学客員教授）

　　　　　　陳　　祖蓓（外務省研修所）

　　　　　　古屋　順子（ともえ企画）

発 行 者　　　　　　原　　雅久

発 行 所　　株式会社 朝 日 出 版 社
101-0065 東京都千代田区西神田 3 - 3 - 5
電話 (03) 3239-0271・72 (直通)
振替口座　東京　00140-2-46008
http://www.asahipress.com
倉敷印刷

乱丁，落丁本はお取り替えいたします
本書の一部あるいは全部を無断で複写複製（撮影・デジタル化を含む）
及び転載することは、法律上で認められた場合を除き、禁じられてい
ます。
ISBN978-4-255-45329-3 C1087